U0509797

海上絲綢之路基本文獻叢書

島夷志略
奉使安南水程日記
毛大將軍海上情形

〔元〕汪大淵 撰／〔明〕黄福 撰／〔明〕汪汝淳 撰

文物出版社

圖書在版編目（CIP）數據

島夷志略 / （元）汪大淵撰．奉使安南水程日記 /（明）黄福撰．毛大將軍海上情形 /（明）汪汝淳撰．-- 北京：文物出版社，2023.3
（海上絲綢之路基本文獻叢書）
ISBN 978-7-5010-7947-6

Ⅰ．①島…　②奉…　③毛…　Ⅱ．①汪…　②黄…　③汪…　Ⅲ．①歷史地理－世界－中世紀②中國歷史－史料－明代　Ⅳ．①K916 ②K248.06

中國國家版本館 CIP 數據核字（2023）第 026469 號

海上絲綢之路基本文獻叢書

島夷志略·奉使安南水程日記·毛大將軍海上情形

撰　　者：〔元〕汪大淵　〔明〕黄福　〔明〕汪汝淳
策　　劃：盛世博閱（北京）文化有限責任公司

封面設計：鞏榮彪
責任編輯：劉永海
責任印製：王　芳

出版發行：文物出版社
社　　址：北京市東城區東直門内北小街 2 號樓
郵　　編：100007
網　　址：http://www.wenwu.com
經　　銷：新華書店
印　　刷：河北賽文印刷有限公司
開　　本：787mm×1092mm　1/16
印　　張：10.75
版　　次：2023 年 3 月第 1 版
印　　次：2023 年 3 月第 1 次印刷
書　　號：ISBN 978-7-5010-7947-6
定　　價：90.00 圓

總緒

海上絲綢之路，一般意義上是指從秦漢至鴉片戰争前中國與世界進行政治、經濟、文化交流的海上通道，主要分爲經由黄海、東海的海路最終抵達日本列島及朝鮮半島的東海航綫和以徐聞、合浦、廣州、泉州爲起點通往東南亞及印度洋地區的南海航綫。

在中國古代文獻中，最早、最詳細記載『海上絲綢之路』航綫的是東漢班固的《漢書·地理志》，詳細記載了西漢黄門譯長率領應募者入海『齎黄金雜繒而往』之事，書中所出現的地理記載與東南亞地區相關，并與實際的地理狀況基本相符。

東漢後，中國進入魏晋南北朝長達三百多年的分裂割據時期，絲路上的交往也走向低谷。這一時期的絲路交往，以法顯的西行最爲著名。法顯作爲從陸路西行到印度，再由海路回國的第一人，根據親身經歷所寫的《佛國記》（又稱《法顯傳》）一書，詳細介紹了古代中亞和印度、巴基斯坦、斯里蘭卡等地的歷史及風土人情，是瞭解和研究海陸絲綢之路的珍貴歷史資料。

隨着隋唐的統一，中國經濟重心的南移，中國與西方交通以海路爲主，海上絲綢之路進入大發展時期。廣州成爲唐朝最大的海外貿易中心，朝廷設立市舶司，專門管理海外貿易。唐代著名的地理學家賈耽（七三〇～八〇五年）的《皇華四達記》記載了從廣州通往阿拉伯地區的海上交通『廣州通海夷道』，詳述了從廣州港出發，經越南、馬來半島、蘇門答臘島至印度、錫蘭，直至波斯灣沿岸各國的航綫及沿途地區的方位、名稱、島礁、山川、民俗等。譯經大師義净西行求法，將沿途見聞寫成著作《大唐西域求法高僧傳》，詳細記載了海上絲綢之路的發展變化，是我們瞭解絲綢之路不可多得的第一手資料。

宋代的造船技術和航海技術顯著提高，指南針廣泛應用於航海，中國商船的遠航能力大大提升。北宋徐兢的《宣和奉使高麗圖經》詳細記述了船舶製造、海洋地理和往來航綫，是研究宋代海外交通史、中朝友好關係史、中朝經濟文化交流史的重要文獻。南宋趙汝适《諸蕃志》記載，南海有五十三個國家和地區與南宋通商貿易，形成了通往日本、高麗、東南亞、印度、波斯、阿拉伯等地的『海上絲綢之路』。宋代爲了加强商貿往來，於北宋神宗元豐三年（一〇八〇年）頒布了中國歷史上第一部海洋貿易管理條例《廣州市舶條法》，并稱爲宋代貿易管理的制度範本。

元朝在經濟上採用重商主義政策，鼓勵海外貿易，中國與世界的聯繫與交往非常頻繁，其中馬可·波羅、伊本·白圖泰等旅行家來到中國，留下了大量的旅行記，記録元代海上絲綢之路的盛况。元代的汪大淵兩次出海，撰寫出《島夷志略》一書，記録了二百多個國名和地名，其中不少首次見於中國著録，涉及的地理範圍東至菲律賓群島，西至非洲。這些都反映了元朝時中西經濟文化交流的豐富内容。

明、清政府先後多次實施海禁政策，海上絲綢之路的貿易逐漸衰落。但是從明永樂三年至明宣德八年的二十八年裏，鄭和率船隊七下西洋，先後到達的國家多達三十多個，在進行經貿交流的同時，也極大地促進了中外文化的交流，這些都詳見於《西洋蕃國志》《星槎勝覽》《瀛涯勝覽》等典籍中。

關於海上絲綢之路的文獻記述，除上述官員、學者、求法或傳教高僧以及旅行者的著作外，自《漢書》之後，歷代正史大都列有《地理志》《四夷傳》《西域傳》《外國傳》《蠻夷傳》《屬國傳》等篇章，加上唐宋以來衆多的典制類文獻、地方史志文獻，集中反映了歷代王朝對於周邊部族、政權以及西方世界的認識，都是關於海上絲綢之路的原始史料性文獻。

海上絲綢之路概念的形成，經歷了一個演變的過程。十九世紀七十年代德國地理學家費迪南・馮・李希霍芬(Ferdinad Von Richthofen，一八三三～一九〇五)，在其《中國：親身旅行和研究成果》第三卷中首次把輸出中國絲綢的東西陸路稱爲『絲綢之路』。有『歐洲漢學泰斗』之稱的法國漢學家沙畹(Édouard Chavannes，一八六五～一九一八)，在其一九〇三年著作的《西突厥史料》中提出『絲路有海陸兩道』，蘊涵了海上絲綢之路最初提法。迄今發現最早正式提出『海上絲綢之路』一詞的是日本考古學家三杉隆敏，他在一九六七年出版《中國瓷器之旅：探索海上的絲綢之路》中首次使用『海上絲綢之路』一詞；一九七九年三杉隆敏又出版了《海上絲綢之路》一書，其立意和出發點局限在東西方之間的陶瓷貿易與交流史。

二十世紀八十年代以來，在海外交通史研究中，『海上絲綢之路』一詞逐漸成爲中外學術界廣泛接受的概念。根據姚楠等人研究，饒宗頤先生是中國學者中最早提出『海上絲綢之路』的人，他的《海道之絲路與昆侖舶》正式提出『海上絲路』的稱謂。選堂先生評價海上絲綢之路是外交、貿易和文化交流作用的通道。此後，學者馮蔚然在一九七八年編寫的《航運史話》中，也使用了『海上絲綢之路』一詞，此書更多地限於航海活動領域的考察。一九八〇年北京大學陳炎教授提出『海上絲綢之路』研究，并於一九八一年發表《略論海上絲綢之路》一文。他對海上絲綢之路的理解超越以往，且帶有濃厚的愛國主義思想。陳炎教授之後，從事研究海上絲綢之路的學者越來越多，尤其沿海港口城市向聯合國申請海上絲綢之路非物質文化遺産活動，將海上絲綢之路研究推向新高潮。另外，國家把建設『絲綢之路經濟帶』和『二十一世紀海上絲綢之路』作爲對外發展方針，將這一學術課題提升爲國家願景的高度，使海上絲綢之路形成超越學術進入政經層面的熱潮。

與海上絲綢之路學的萬千氣象相對應，海上絲綢之路文獻的整理工作仍顯滯後，遠遠跟不上突飛猛進的研究進展。二〇一八年厦門大學、中山大學等單位聯合發起『海上絲綢之路文獻集成』專案，尚在醞釀當中。我們不揣淺陋，深入調查，廣泛搜集，將有關海上絲綢之路的原始史料文獻和研究文獻，分爲風俗物産、雜史筆記、海防海事、典章檔案等六個類别，彙編成《海上絲綢之路歷史文化叢書》，於二〇二〇年影印出版。此輯面市以來，深受各大圖書館及相關研究者好評。爲讓更多的讀者親近古籍文獻，我們遴選出前編中的菁華，彙編成《海上絲綢之路基本文獻叢書》，以單行本影印出版，以饗讀者，以期爲讀者展現出一幅幅中外經濟文化交流的精美畫卷，爲海上絲綢之路的研究提供歷史借鑒，爲『二十一世紀海上絲綢之路』倡議構想的實踐做好歷史的詮釋和注脚，從而達到『以史爲鑒』『古爲今用』的目的。

凡例

一、本編注重史料的珍稀性，從《海上絲綢之路歷史文化叢書》中遴選出菁華，擬出版數百册單行本。

二、本編所選之文獻，其編纂的年代下限至一九四九年。

三、本編排序無嚴格定式，所選之文獻篇幅以二百餘頁爲宜，以便讀者閱讀使用。

四、本編所選文獻，每種前皆注明版本、著者。

五、本編文獻皆爲影印，原始文本掃描之後經過修復處理，仍存原式，少數文獻由於原始底本欠佳，略有模糊之處，不影響閱讀使用。

六、本編原始底本非一時一地之出版物，原書裝幀、開本多有不同，本書彙編之後，統一爲十六開右翻本。

目録

島夷志略　一卷　〔元〕汪大淵　撰　明抄本……一
奉使安南水程日記　一卷　〔明〕黄福　撰　明刻本……八九
毛大將軍海上情形　一卷　〔明〕汪汝淳　撰　日本抄本……一一三

島夷志略

島夷志略

一卷

〔元〕汪大淵　撰

明抄本

島夷誌畧序

九海環大瀛海而中國曰赤縣神州其外　州者復九有裨海環之人民禽獸莫能相通如一區中者乃為一州此騶氏之言也人多疑其荒唐誕誇況當時外徼未通於中國將何以徵驗其言哉漢唐而後於諸島夷力所可到利所可到班班史傳固有其名矣然考於見聞多襲舊書未有身遊目識而能詳記其實者猶未盡徵之也西江汪君煥章當冠年嘗兩附舶東西洋所過輒采錄其山川風土物產之詭異居室飲食衣服之好尚與夫貿易賚用之所宜非親見不書則庶乎其可徵也與予言海中者自多鉅魚若蛟龍鯨鯢之屬群出遊鼓濤距風莫可名

一

数舟人燔鷄毛以觸之則遠遊而没一島嶼間或廣袤数千里島人浩穰其君長所居多明珠麗玉犀角象牙香木為飾橋梁或甃以金銀若珊瑚琳琅玗琪瑠璃人不以為奇也所言尤有可觀則騶衍皆不誕焉知是誌之外煥章之所未歷不有瑰怪瓌大又逾此為聞者哉大抵一元之氣充溢乎天地其所能融結為人為物惟中國文明則得其正氣環海于外氣偏于物而寒燠殊候材質異賦固其理也今乃以耳目弗逮而盡疑之可乎莊周有言六合之外聖人存而不論然博古君子求之異書亦所不廢也泉脩郡乘既以是誌刊入之煥章將歸復刊諸西江以廣其傳故予序之至正十年龍集庚寅二月朔日翰林脩撰河

東張翥叙

中國之外四海維之海外夷國以萬計唯北海以風惡不可入東西南數千萬里皆得梯航以達其道路象胥以譯其語言惟有 聖人在乎位則相率而效朝貢通互市雖天際窮髮不毛之地無不可通之理焉世祖皇帝既平宋氏始命正奉大夫工部尚書海外諸番宣慰使蒲師文與其副孫勝夫尤永賢等通道外國撫宣諸夷獨爪哇負固不服遂命平章高興史弼等帥舟師以討定之自時厥後唐人之商販者外番率待以命使臣之禮故其國俗土產人物奇怪之事中土皆得而知奇珍異寶流布中外為不少矣然欲考求其故實則執事者多秘其說鑿

空者又不得其詳唯豫章汪君煥章少負奇氣爲司馬子長之遊足跡幾半天下矣顧以海外之風土國史未盡其藴因附舶以浮于海者數年然後歸具目所及皆爲書以記之校之五年舊誌大有逕庭矣以君傳者其言必可信故附録清源續志之後不惟使後之圖王會者有足徵亦以見國家之懷柔百蠻蓋此道也至正己丑冬十月又二望日三山吴鑒序

古有九丘之書誌九州之土地所有風氣之宜與三墳五典並傳周列國皆有史晋有乘與楚有檮杌魯之春秋是也孔子定書以黜三墳衍述職方以代九丘筆削春秋以寓一王法而乘與檮杌遂廢不傳及秦罷侯置守廢列國西漢司馬遷作史記

閩牧守年月不表郡國記載泯無可考學者病之厥後江表華
陽有誌汝潁之名士襄陽之耆舊有傳隋大業首命學士十八
人普十郡誌凡以補史氏之闕遺也閩文學始唐至宋大盛故
故家文獻彬彬可考時號海濱洙泗蓋不誣矣
國朝混一區域至元丙子郡既内附繼遭兵寇郡城之外莽為
戰區雖值承平未能盡復舊觀清源前誌放失後誌止於淳祐
庚戌逮今百有餘年前政牧守多文吏武夫急簿書期會而不
遑於典章文物比年修宋遼金三史
詔郡國各上所録而泉獨不能具無以稱德意有識愧焉至正
九年朝以閩海憲使高昌偰侯來守泉臨政之暇考求圖誌領

三

是邦古今政治沿革風土習尚變遷不同太平百年譜牒猶有遺逸矣今不紀後將無徵遂分命儒生搜訪舊聞隨邑編緝成書鑒時寓泉奉命與學士君子裁定刪削為清源續誌二十卷以補清源故事然故老澌盡新學漸于聞見前朝遺事蓋十只一二以傳言

云禾十一年暮春修禊日三山吳鑒序

島夷誌畧

彭湖

島分三十有六巨細相間坡隴相望乃有七澳居其間各得其名自泉州順風二晝夜可至有草無木土瘠不宜禾稻泉人結

茅為屋居之氣候常暖風俗朴野人多眉壽男女穿長布衫繫以土布煮海為塩釀秫為酒採魚蝦螺蛤以佐食爇牛糞以爨魚膏為油地產胡麻綠豆山羊之孳生數萬為群家以烙毛刻角為記晝夜不收各遂其生育工商興販以樂其利地隸泉州晉江縣至元年間立巡檢司以週歲額辦塩課中統錢鈔一十錠二十五兩別無科差

琉球

地勢盤穹林木合抱山曰翠麓曰重曼曰斧頭曰大峙其峙山極高峻自彭湖望之甚近余登此山則觀海潮之消長夜半則望暘谷之出紅光燭天山頂為之俱明土潤田沃宜稼穡氣候

四

漸暖俗與彭湖差異水無舟楫以筏濟之男子婦人拳髮以花布為衫煮海水為塩釀蔗漿為酒知番主酋長之尊有父子骨肉之義他國之人倘有所犯則生割其肉以啖之取其頭懸木竿地產沙金黄荳黍子琉黄黄蠟鹿豹麂皮貿易之貨用土珠瑪瑙金珠粗碗處州磁器之屬海外諸國蓋由此始

三島

居大奇山之東嶼分鼎峙有疊山層巒民傍陸居之田瘠穀少俗質朴氣候差暖男女間有白者男頂拳婦人椎髻俱披單衣男子常附舶至泉州經紀罄其資囊以文其身既歸其國則國人以尊長之禮待之延之上座雖父老亦不得與爭焉習俗以其

至唐故貴之也民煮海為鹽釀蔗漿為酒有酋長地產黄蠟木綿花布貿易之貨用銅珠青白花碗小花印有鐵塊之屬次曰答陪曰海贍曰巴弄吉曰蒲里咾曰東流里無甚異產故附此耳

麻逸

山勢平寬夾溪聚落田膏腴氣候稍暖俗尚節義男女椎髻穿青布衫凡婦喪夫則削其髮絕食七日與夫同寢多瀕于死七日之外不死則親戚勸以飲食或可全生則終身不改其節甚至喪夫而焚尸則赴火而死酋豪之喪則殺奴婢二三千人以殉葬民煮海為鹽釀糖水為酒地產木棉黄蠟玳瑁檳榔花布

貿易之貨用馬鐵塊丘采紅布紅絹牙錠之屬蠻賈議價領去博易土貨然後准價舶商守信始終如始不爽約也

無枝拔

在闍麻羅華之東南石山對峙民壘闢山為田鮮食多種薯氣候常熱獨春有微寒俗直男女編髮纏頭繫細紅布極以婚姻為重往往指腹成親通國守義如有失信者罰金二兩重以納其主民煮海為塩釀椰漿蕨粉為酒有酋長産花斗錫鉛綠毛狗貿易之貨用西洋布青白處州甆器瓦壜鉄鼎之屬

龍涎嶼

嶼方而平延袤荒野上如雲塢之盤絕無田産之利每值天清

氣和風作浪湧群龍游戲出没海濵時吐涎沫於其嶼之上故以得名涎之色或黑于烏香或数于浮石閒之微有腥氣然用之合諸香則味尤清遠雖茄藍木梅花腦檀麝梔子花沉速木薔薇水衆香必待此以發之此地前代無人居之間有他番之人用完木鑿舟駕使以拾之轉鬻于他國皆用金銀之屬博之

交趾

古交州之地今為安南大越國山環而險溪道互布外有三十六庄地廣人稠氣候常熱田多沃饒俗尚禮義有中國之風男女面白而齒黑戴冠穿唐衣皂褶絲襪方履凡民間俊秀子弟八歲入小學十五入大學其誦詩讀書談性理為文章皆與中

六

國同惟言語差異耳古今歲貢中國已載諸史民煮海為鹽釀秫為酒酋長以同　為妻地產沙金白銀銅錫鉛象牙翠毛肉桂檳榔貿易之貨用諸色綾羅匹帛青布牙梳紙扎青銅鉄之類流通使用銅錢民間以六十七錢折中統銀壹兩官用止七十為率舶人不販其地惟偷販之舟止于斷山上下不得至其官場恐中國人窺見其國之虛實也

占城

地據海衝與新舊州為隣氣候乍熱田中上等宜種穀俗喜侵掠歲以上下元日縱諸人採生人膽以鬻官家官以銀售之以膽調酒與家人同飲云通身是膽使人畏之亦不生疵癘也城

之下水多洄旋舶往復數日止舟載婦人登舶與舶人為偶及去則甚淨而別明年舶人至則偶合如故或有遭難流落於其地者則婦人推舊情以飲食衣服供其身歸則又重贐以送之蓋有此情義如此仍禁服半侶唐人曰三四浴以腦射合油塗體以白字寫黑皮為文書煮海為鹽釀小米為酒地產紅柴茄藍木打布貨用青磁花碗金銀首飾酒色布燒珠之屬

民多朗

七

臨海要津溪通海水不鹹田沃饒米穀廣氣候熱俗尚儉男女椎髻穿短皂衫下繫青布短裙民鑿井而飲煮海為鹽釀小米為酒有酋長禁盜盜則戮及一家地產烏黎木射檀木綿花牛

麂皮貨用漆器銅鼎闍婆布紅絹青布斗錫酒之屬

賓童龍

賓童龍隸占城土骨與占城相連有雙溪以間之佛書所稱王舍城是也或云目連屋基猶有田土人物風俗氣候與占城畧同人死則持孝服設佛擇僻地以葬之國主騎象或馬打紅傘從者百餘人執盾賛唱曰亞或僕也番語其尸頭蠻女子害人甚於占城故民多廟事而血祭之蠻亦父母胎生與女子不異特眼中無瞳人遇夜則飛頭食人糞尖頭飛去若人以紙或布掩其項則頭歸不接而死凡人居其地大便後必用水淨浣否則蠻食其糞即逐臭與人同睡倘有所犯則腸肚皆為所食精神

盡為所奪而死矣地產茄藍木象牙貨用銀印花布次曰胡麻
沙曼頭羅沙犒寶毗齊新故越州諸番無所產船亦不至

真臘

州南之門實為都會有城週圍七十餘里石河週圍廣二十丈
戰象幾四十餘萬殿宇凡三十餘里所極其壯麗飾以金壁鋪
銀為磚置七寶椅以待其主貴人貴戚所坐坐皆金杌歲一會
則以玉猿金孔雀六牙白象三角銀蹄牛羅獻于前列金獅子
十隻於銅臺上列十二銀塔鎮以銅象人凡飲食必以金茶盤
籩豆金碗貯物用之外名百塔州作為金浮屠百座一座為狗
所觸則造塔頂不成次曰馬司錄池復建五浮屠黃金為尖次

八

曰桒香佛舍造裒足金石橋四十餘丈諺云富貴真臘者也氣候常暖俗尚華侈田產富饒民煮海為鹽釀小米為酒男女椎髻生女九歲請僧作梵法以指挑童身取紅點女額及母額名為利市云如此則他日嫁人宜其室家也滿十歲即嫁若其妻與客淫其夫甚喜誇於人我妻巧慧得人愛之也以錦圍身眉額施珠酋出入用金車羽儀體披瓔珞右手持劍左手持麈尾法則劓刖刺配之刑國人犯盜則斷手足烙胸背黥額殺唐人則死唐人殺番人至死亦重罰金如無金以賣身取贖地產黄蠟犀角孔雀沉速香蘇木大楓子翠羽冠於各番貨用銀黄紅燒珠龍段建寧錦絲布之屬

丹馬令

地與沙里佛来安為隣國山平亘田多食粟有餘新收者復留以待陳俗節儉氣候温和男女椎髻衣白衣衫繋青布縵定婚用緞錦白錫若干塊民煮海為塩釀小米為酒有酋長産上等白錫米腦龜筒鶴頂降眞香及黄熟香頭貿易之貨用甘理布紅布青白花碗鼓之屬

日麗

介兩山之間立一關之市田雖平曠春乾而夏雨種植常違其時故歲少稔仰食于他國氣候冬暖風俗尚節義男女椎髻白縵纏頭繋小黄布男喪女不嫁煮海為塩釀漿為酒有酋長土

九

産龜筒鶴頂降真錫貿易之貨用青磁器花布粗碗鉄𤭛小印

花之屬

麻里嚕

小港迤邐入于其地山塗而水多鹵股石林小田高而瘠民多種薯芋地氣熱俗尚義若番官没其婦再不嫁於凡夫必有他國番官之子孫閥閱相稱者方可擇配否則削髮看經以終其身男女拳髮穿青衣短衫繫紅布縵民煮海為鹽釀蔗漿為酒編竹片為床燃生蠟為燈地産玳瑁黃蠟降香竹布木綿花貿易之貨用足錠青布磁器盤處州磁水壜大甕鉄鼎之屬

遐來勿

古淡之下山盤數百里厥田中下俗尚妖怪氣候春夏秋熱冬微冷則人無病反此則瘴生人多死男女椎髻纏紅布繫青綿布梢凡人死則研生腦調水灌之以養其屍欲葬而不腐民煮海為鹽釀椰漿為酒有酋長地產蘇木玳瑁木棉花檳榔貿易之貨用占城海南布鐵線銅鼎紅絹五色布木梳篦子青器粗碗之屬

彭坑

石崖週匝崎嶇遠如平寨田沃穀稍登氣候半熱風俗與丁家盧小異男女椎髻穿長布衫繫單布梢富貴女頂帶金圈數四常人以五色焇珠為圈以束之凡講婚姻五造換白銀五錢重

十

民煮海為塩釀椰漿為酒有酋長地産黄　香頭沉速打
香腦子花錫粗降真貿易之貨用諸色絹闍婆布銅鉄器漆
磁器鼓板之屬

吉蘭丹

地勢博大山瘠而田少夏熱而倍收氣候平熱風俗尚禮男女
束髮緊短衫布皂縵每遇四時節序生辰婚嫁之類衣紅布長
衫為度民煮海為塩織木綿為業有酋長地産上等沉速粗降
真香黄蠟龜筒鶴頂檳榔外有小港索邈極深水鹹魚美出花
錫貨用塘頭市布占城布青盤花碗紅綠焇珠琴阮鼓板之屬

丁家盧

三角嶼對境港已通其津要山高曠田中下下民食足春多雨氣候微熱風俗尚怯男女惟髻穿綠頡布短衫繫遮里絹刻神木為神殺人血和酒祭之每水旱疫癘禱之則立應及婚姻病喪則卜其吉凶亦驗今酋長主事令禁勤儉守土地產降真腦子黃蠟玳瑁貨用青白花磁器占城布小紅絹斗錫酒之屬

戎

山逶溪環部落坦夷田畬連成片土膏腴氣候不正春夏苦雨俗陋男女方頭兒生之後以木板四方夾之二周後去其板四季祝髮以布縵遶身以椰水浸秫米半月方成酒味極苦辣而味長二月海榴結實復釀榴實酒味甘酸宜解渴地產白豆蔻

十一

象牙翠毛黄蠟木綿紗貿易之貨用銅漆器青白花碗磁壺瓶
花銀紫燒珠巫崙布之屬

羅衛

南真駱之南實加羅山即故名也山瘠田美等為中上春末則
禾登民有餘蓄以移他國氣候不　風俗勤儉男女文身為禮
以紫縵纏頭繫溜布以竹筒實生蠟為燭織木綿為業煮海為
塩以葛根浸水釀酒味甘軟竟日飲之不酸有酋長地産粗降
真玳瑁黄蠟綿花雖有珍樹無能割貿易之貨用綦子手巾狗
跡絹五色燒珠花銀青白碗鉄條之屬

羅斛

山形如城郭白石峭厲其田平衍而多稼暹人仰之氣候常暖如春風俗勁悍男女椎髻白布纏頭穿長布衫每有議刑法錢穀出入之事並決之於婦人其志量常過於男子煮海為鹽釀秫米為酒有酋長法以則子代錢流通行使每一萬準中統鈔二十四兩甚便民此地產羅斛香味極清遠亞於沉香次蘇木犀角象牙翠羽黃蠟貨用青器花印布金錫海南檳榔口則子次曰彌勒佛曰忽南圭曰善司坂曰蘇剌司坪曰吉頓力地無所產用附于此

東沖古剌

嶻嶭豐林下臨淡港外堞為之限界田美穀秀氣候驟熱雨下

十二

則微冷風俗輕剽男女斷髮紅手帕纏頭穿黄綿布短衫繫越里布凡有人喪亡者不焚化聚其骨擲于海中謂之種植法使子孫復有生意持孝之人齋戒數月而後已民不善煮海為塩釀蔗漿為酒有酋長地產沙金黄蠟粗降真香龜筒沉香貿易之貨用花銀塩青白花碗大小水埕青段銅鼎之屬

蘇洛鬲

洛山如關并溪如帶宜有聚落田瘠穀少氣候少暖風俗勇悍男女椎髻穿青布短衫繫木棉白縵凡生育後惡露不下汲井水澆頭即下有害熱症者亦皆用水沃數四則愈民煮海為塩青長地產上等降真片腦鶴頂沉速玳瑁貿易之貨用青白花

器海巫崙布銀鉄水埕小罐銅鼎之屬

針路

自馬軍山水路由麻来墳至此地則山多鹵股田下下等少耕
植民種穀及葫蘆西瓜兼採海螺螃蛤蝦食之內坪下小溪有
魚蠏極美民間臨溪每一舉網蝦良數日而有餘氣候差熱俗
惡男女以紅綿布纏頭皂縵繫身民煮海為塩織竹絲布為業
有酋長地產芳蕉貝子通暹准錢使用貿易之貨用銅條鉄鼎
銅珠五色焇珠大小埕花布鼓青布之屬

八都馬

闍市廣陽山茂田少民力齊常足食氣候暖俗尚朴男女椎髻

十三

纒青布縵緊甘埋布酋長守土安民樂其生親没必沐浴齋戒號泣半月而葬之々日奉崇香佛惟謹有犯奸盜者梟之以示戒有遵蛮法者賞之以示勸俗稍々近理地產象牙重者百餘觔輕者七八十觔胡椒亞於闍婆貿易之貨用南北絲花銀赤金銅鉄鼎絲布草金緞丹山錦山紅絹白礬之屬

淡邈

小港去海口數里山如鉄筆迤邐如長蛇民傍緣而居田地平宜谷粟食有餘氣候暖風俗儉男女椎髻穿白布短衫繫竹布捎民多識山中草藥有疵癘之疾服之有效如神煮海為鹽事網罟為業地產胡椒亞於八都馬貨用黃硝珠麒麟粒西洋絲

布粗碗青器銅鼎之屬

尖山

自有宇宙兹山盤據于小東洋卓然如文筆插霄漢雖懸隔数百里望之儼然田地少多種薯蕷以代飯氣候頓熱風俗織畨男女斷髮以紅絹纏頭以佛南圭布纏身煮海為塩釀蔗漿水米為酒地產木綿花竹布黄蠟粗降真沙地所生故不結實貿易之貨用牙錠銅鉄鼎青碗大小埕甕青皮単錦鼓樂之屬

八節那間

廿邑臨海嶺方木瘦田地瘠宜種粟麦俗尚邪與湖北道澧州風俗同男女椎髻披白布縵為繫以土布一歲之間三月内民

十四

採生以祭鬼酬愿信不生灾害民煮海為鹽有酋長地產蓽茇花印布不退色木綿花檳榔貿易之貨用青器紫礦土粉青絲布埕甕鉄器之屬

三佛齊

自龍牙門去五晝夜至其國人多姓蒲習水陸戰官兵服藥刀兵不能傷以此雄諸國其地人烟稠密用土沃美氣候暖春夏常雨俗淳男女椎髻穿青棉布短衫繫東沖布喜潔淨故于水上架屋採蚌蛤為鮓煮海為鹽釀秫為酒有酋長地產梅花片腦中等降真香檳榔木棉布細花木貿易之貨用色絹紅硝珠絲布花布銅鉄鍋之屬舊傳其國地忽穴出牛数萬人取食之

後用竹木塞之乃絕

嘯噴

繇盟毗吉陀以東其山坡延袤數千里結茅而居田沃宜種粟氣候常暖俗陋男女椎髻以藤皮煮軟織粗布為短衫以生布為捎地產惟蘇木盈山地物不見每歲與前綱國相通貿易通舶人貨用五色硝珠磁銅鐵鍋牙錠瓦甕粗碗之屬

浡泥

龍山磻磾於其右基宇雄敞源田獲利夏月稍冷冬乃極熱尚侈男女椎髻以五采緊腰花錦為衫崇奉佛像唯嚴尤敬愛唐人醉也則扶之以歸歇處民煮海為鹽釀秫為酒有酋長仍選

十五

其國能算者一人掌文簿計其出納收稅無纖毫之差焉地產降真黃臘玳瑁梅花片腦其樹如杉檜劈裂而取之必齋浴而後往貨用白銀赤金色段牙箱鐵器之屬

明家羅

故臨國之西山而三島中島葉香佛所居珍寶而前人莫能取一島虎豹蛇虺縱橫人莫敢入一島土中紅石握而取之其色紅活名鴉鶻也舶人興販往往金銀與之貿易土瘠宜種粟氣候大熱俗朴男女衣青單被民煮海為鹽柱主長推產紅石之外別物不見

暹

自新門臺入港外山崎嶇內領深邃土瘠不宜耕種穀米歲仰羅斛氣候不正尚侵掠每他國轉輒駕百十艘以沙湖滿載舍而往務在必取近年以七十餘艘来侵單馬錫攻打城池一月不下本處閉關而守不敢與爭遇爪哇使臣經過暹人聞知乃遁遂掠昔里而歸至正己丑夏五月降于羅斛凡人死則灌水銀以養其身男女衣着與羅斛同仍以𧴩子權錢使用地產蘇木花錫人風子象牙翠羽貿易之貨用硝珠水銀青布銅鐵之屬

爪哇

爪哇即古闍婆國門遮把逸山係官場所居宮室壯麗地廣人

十六

稠寔甲東洋諸番舊傳國王係雷震石中而出令女子為酋以長之其田膏沃地平衍穀米富饒倍于他國民不為盜道不拾遺諺云太平闍婆者此也俗朴男子椎髻裹打布惟酋長留髮太德年間赤黑迷失平章史弼高興曾往其地令臣屬納稅貢立衙門振綱紀設鋪兵以遞文書守常刑重鹽法使銅錢俗以銀錫鍮銅雜鑄如螺甲大名為銀錢以權銅錢使用地產青鹽係曬成胡椒每歲萬斤極細堅耐色印布半鸚鵡之類藥物皆自他國來也貨用硝珠金銀青段色絹青白花碗鐵器之屬次曰巫崙曰希苓曰三打板曰吉舟曰孫剌等地無異產故附此耳

重迦羅

杜瓶之東曰重迦羅嶼瓜哇界相接間有高山奇秀不産地木滿山皆塩敷樹及楠樹一石洞前後三門可容一二萬田土至於闍婆氣候熱俗淳男女撮髻衣長衫地産綿羊鸚鵡細花木綿單椰子木綿花紗貿易之貨用花銀花宣絹諸色布煮海為塩釀秫為酒無酋長年尊者統攝次曰諸番相去約數日水程曰孫陀曰琵琶曰丹重曰員嶠曰彭里不事耕種專尚寇掠與吉陀亞崎諸國相通交易舶人所不及也

都督岸

自海腰平原津通淡港土薄地肥宜種谷廣栽薯芋氣候夏涼

十七

多淫雨春與秋冬皆熱俗尚節序男女椎髻穿綠布短衫繫白布捎氏間每以正月三日長幼焚香拜天以酒牲祭山神之後長幼皆羅拜於庭名為慶節序不喜煮釀篘水為酒有酋長地片腦粗速香玳瑁象筒貿易之貨用海南占城布紅綠絹鹽鐵銅鼎色綫之屬

文誕

渤山高環溪水若淡田地瘠民半食沙糊椰子氣候若熱俗淫男女椎髻路體繫青皮布捎日間畏熱不事布種月夕耕鋤漁獵採薪取水山無蛇虎之患家無盜賊之虞煮海為鹽釀椰漿為酒婦織水綿為業有酋長地產肉荳蔻黑小廝荳蔻花小丁

皮貨用水綾絲布花印布烏瓶鼓瑟青磁器之屬

蘇祿

其地以石崎山為堡障山畬田瘠宜種粟麥民食沙湖魚蝦螺蛤氣候半熱俗鄙薄男女斷髮纏皂縵繫小印花煮海為鹽釀蔗漿為酒織竹布為業有酋長地產中等降真條黃蠟玳瑁珍珠較之沙里八丹第三港等處所產此蘇祿之珠色青白而圓其價甚　中國人首飾用之其色不退號為絶品有徑寸者其出產之地大者已直七八百餘里　錠中者二三百錠小者一二十錠其餘小珠一萬上兩重者或一千至三四百兩重者出於西洋之地三港此地無之貿易之貨赤金花銀八都剌布青

十八

珠處器鉄條之屬

龍牙犀角

峯嶺內平而外聳民環居之如蟻附坡厥田下等氣候半熱俗厚男女椎髻齒白繫麻逸布俗以結親為重親戚之長者一日不見面必携酒持物以問勞之為長夜之飲不見其醉民煮海為塩釀秫為酒有酋長地產沉香速香諸番次鶴頂降真蜜糖黃熟香頭貿易之貨用土印有八都剌布青白花之屬

穌門傍

山如屏而石峭中有窩蔵平坦地瘠田少多種麥而食氣候常暖俗鄙薄藉他番以足其食賴商賈以資其用男女披長髮

衫為衣繫斯吉丹布煮海為鹽有酋長地產翠羽蘇木黃蠟檳榔貿易之貨用白糖巫崙布細絹衣花色宣絹塗油大小水埕之屬塗油出於東埕塗熬晒而成

舊港

自淡港入彭家門民以竹代舟道多磚塔田利倍於他壤云一季種谷三年生金言其谷變而為金也後西洋人聞其田美故造舟來取田內之土骨以歸彼田為之脉而種谷舊港之田金不復生亦怪事也氣候稍熱男女椎髻以白布為梢煮海為鹽釀椰漿為酒有酋長地產黃熟香頭金顏香木棉花冠於諸番黃蠟粗降真絕高鶴頂中等沉速貿易之貨用門邦丸珠四色燒

十九

珠麒麟粒麗瓷銅鼎五色布大小水埕甕之任

龍牙菩提

環宇皆山石排類門無田耕種但栽薯芋燕以代粮當収之當番家必推貯數屋如中原人積粮以供歲用食餘則存下年之不熟也園種菓採蛤蚌魚蝦而食倍于薯芋氣候倍熱俗朴男女椎髻披絲木綿花魚被煮海為塩浸　根汁以釀酒地產粗香檳榔椰子貿易之貨用紅綠燒珠牙箱錠鉄鼎青白土印布之屬

毗舍耶

僻居海東之一隅小平曠田地少不多種植氣候倍熱俗尚虜

掠男女撮髻以墨汁刺身至踝頸門朗纏紅絹繫黃布侍以國無酋長地無出產時常裹乾粮棹小舟過外番伏荒山窮谷無人之境遇捕魚採薪者輙生擒以歸鬻於他國每一人易金二兩重蓋彼國之人遞相倣傚習以為業故東洋聞毗舍野之名皆畏而逃者

班卒

地勢連龍牙門後山若纏若斷起凹峯而盤結故民環居焉田瘠谷少登氣候不齊夏則多雨而微寒俗質披短髮假錦纏頭紅油布繫身煮海為塩釀米為酒名明家西酋長地產上等鶴頂中等降真木棉花貿易之貨用絲布鐵條土印布赤金甆器

鉄點之屬

蒲奔

地控海濱山蹲白石不宜耕種歲仰食於他國氣候作熱而微冷風俗果決男女青黑男垂髻女拳髻白縵民煮海為鹽採蠏黄為鮓以木板造舟藤篾固之以綿花塞縫底甚柔軟隨波上下蕩以木而為槳未嘗見有損壞有菌長白藤浮留藤檳榔貿易之貨用青甆器粗碗海南布鉄線大小埕甕之屬

假里馬打

小列翠屏闤闠臨溪田下穀不收氣候熱俗磽薄男女髡頭以竹布為桶樣穿之仍繫以稍圍知廣趾採蕉實為食煮海為鹽

以適他國易米每塩一斤易米一斗前代地產畨羊高大者可騎日行五六十里及紫玳瑁易之貨用硫磺珊瑚珠闍婆布青色燒珠小花印布之屬

文老古

益溪通津地勢卑窄山林茂　田瘠稻僜氣候熱俗薄男女椎髻繫花竹布為梢以象齒樹之內室為供養之具民煮海為塩取沙湖為食地產丁香其樹滿山然多不常生三年中間或二年熟有酋長地每歲望唐舶販其地往往以五梅雞雛出必唐船一隻來二雞雛出必有二隻以此占之如響斯應貿易之貨用銀鐵水綾絲布巫崙八節那澗布土印布象齒燒珠青甆器

二十一

埕器之屬

古里地悶

居加羅之東北山無異木唯檀樹為最盛以銀鐵碗西洋絲布色絹之屬為之貿易也地謂之馬頭凡十有二所有尊長田宜穀粟氣候不齊朝熱而夜冷風俗淫濫男女斷髮穿木綿短衫繫占城布市所酒肉價廉婦不知恥部領目縱食而貪酒色之餘卧不覆被至染疾者多死倘在番苟免回舟之間櫛風沐雨其疾發而為狂熱謂之陰陽交〻則必死昔泉之吳宅發舶稍眾百有餘人到彼貿易既畢死者十八九間存一二而多羸弱之舟駕舟隨風回舶或時風恬浪悉黃昏之際則狂 蕩唱歌

搖櫓疸半則添炬燁燿使人魂遊而膽寒吁良可畏哉然則其地互市雖有萬倍之利何益昔柳子厚謂海賈以生易利生比有甚者乎

龍牙門

門以單馬錫番兩山相交若龍牙門中有水道以間之田瘠稻少天氣候熱四五月多淫雨俗好劫掠昔酋長掘地而得玉冠歲之始以見月為正初酋長戴冠披服受賀今亦遞相傳授男女兼中國人居之多椎髻穿短布衫繫青布捎產粗降真斗錫貿易之貨赤金青段花布處磁器鐵鼎之類蓋以山無美林貢無異貨以通泉州之貿易皆剽竊之物也舶往西洋本番置之

二十二

不問回船之際至吉利門舶人須駕箭棚張布幕利器械以防之賊舟二三百隻必然來迎戰數日若僥倖順風或不遇之否則人為所戮貨為所有則人死係乎頃刻之間也

崑崙

古者崑崙山又名軍屯山山高而方根盤幾百里截然乎瀛海之中與占城西竺鼎峙而相望下有崑崙洋因是名也舶販西洋者必掠之順風七晝夜可渡諺云上有七州下有崑崙計迷舵失舟就存雖則地無異產人無居室山之高有男人數十人怪形而異狀穴居而野處既無衣褐日食山菓魚蝦夜則宿於樹巢彷彿標枝野鹿之世何以知其然也百舶阻惡風灣泊其山

之下男女羣聚而翫撫掌而咲云而去自適天趣吾故曰其無懷大庭氏之民歟其葛天氏之民歟

靈山

嶺峻而方石泉下咽民居星散以結網為活田野闢宜耕種一歲凡二收穀舶至其所則舶人齋沐三日其什事崇佛諷經燃水燈放彩船以禳本船之災始度其下風俗氣候男女與占城同地產籐枝輕小黑文相對者為冠每條　互易一花斗錫麁大而紋踈者一花斗錫互易三條舶之往復此地必汲水採薪以濟日用次得檳榔荖葉餘無異物貿易之貨用粗碗燒珠鐵條之屬

二十三

東西竺

石上嵯峩形勢對峙地勢雖有東西之殊不啻蓬萊方丈之爭奇也田瘠不宜耕種歲仰淡洋米穀足食氣候不齊四五月淫雨而尚寒俗朴略男女斷髮繫占城布煮海為鹽釀椰漿為酒有酋長地產梹榔老葉椰子簟木綿花番人取其椰心之嫩者或素或染織而為簟 售唐人其簟冬煖而夏涼亦可貴也貿易之貨用花錫胡椒鐵器薔薇露水之屬

急水灣

灣居石綠嶼之下其流奔駛舶之時月逢延遲以潮汐南北人莫能測舶洄漩于其中則一月莫能出昔有度元之舶流寓在

其中二十餘日失風針迷舵折舶遂閣淺人船貨物俱各漂蕩偶遺三人於礁上者枵腹五日又且斷舶往來輙入礁上螺蚌食之當此之時命懸于天忽一日大木二根浮海而至礁傍人抱其木隨風飄至須門荅剌之國幸而免溺焉

花面

其山逶迤其地阻如田極肥美足食有餘男女以墨汁刺于其面故謂之花面國名因之氣候倍熱俗淳有酋長地産牛羊雞鴨檳榔甘蔗荖葉木棉貨用鉄條青布粗碗青處器之屬舶經其地不過貿易以供日用而已餘無可興販也

淡洋

二十四

港口通官場百有餘里洋其外海也内有大溪之水源二千餘里奔流衝合於海面一流之水清淡舶人往〻經過之水則必由此汲之故名曰淡洋過此以往未見其海洋之水不鹹也嶺竊有田常熟氣候熱風俗淳男女椎髻繫溜布有酋長地產降真香味與亞芦同米顆雖小炊飯則香貿易之貨用赤金鐵器粗碗之屬

須文答剌

峻嶺掩抱地勢臨海田磽穀少男女繫布縵俗淳其酋長人物修長一日之間必三变色或青或黑或赤每歲必殺十餘人取自然血浴之則四時不生疾病故民皆畏服焉男女椎髻繫紅

布土産膃子粗降真香味短鶴頂斗錫種茄樹高丈有餘經三四年不萃生茄子以梯摘之如西瓜大重十餘斤貿易之貨用西洋絲布樟腦薔薇水黃油傘青布五色緞之屬

僧加剌

疊山環翠洋海橫絲其山之腰有佛殿巋然則釋迦佛肉身所在民從而像之迨今以香燭事之若存海濱有石如蓮臺上有佛足跡長二尺有四寸濶七寸深五寸許蹟中海水入其內不鹹而味淡甘如醴病者飲之則愈老者飲之可以延年土人長七尺餘面紫身黑眼巨而長手足溫潤而壯健聿然佛家種子壽多至百有餘歲者佛初憐彼方之人貧而為盜故以善化其

二十五

民復以甘露水洒其地產紅石土人摭之以左手取者爲貨右手尋者設佛後得以濟貿易之貨皆令温飽而善良佛案前有一鉢盂非玉非銅非鐵色紫而潤敲之有玻瓈聲故國初凡三遣使取其至是則舉浮屠之教以語人故未能免於儒者之儀然觀其土人之梵相風俗之敦厚詎可弗信也夫

勾欄山

嶺高而樹林茂密田瘠穀少氣候熱俗射獵爲事

國初軍士征闍婆遭風於山下輒損舟一舟幸免唯存丁灰見其山多木故於其地造舟一十餘隻若檣柁若帆若篙靡不宜備飄然長往有病卒百餘人不能去者遂留山中今唐人與番

人叢雜而居之男女椎髻穿短衫繫巫崙布地產熊豹鹿麂皮玳瑁貿易之貨用穀米々色絹青布銅器青器之屬

特番里

國居西南角名為小食嘗場深邃前有石崖當關以守之後有石洞闢亟以居之厥土塗泥厥田沃饒臨溪々又通海々口有閘春月則放水灌田耕種時雨降則閉閘或歲旱則開焉民無水旱之憂長有豐稔之慶故號為樂土氣候應節俗淳男女椎髻繫青布煮海為鹽釀茭葉為酒燒羊魚為食地產黃蠟綿羊高四尺許波羅大如斗甜瓜三四尺圍貿易之貨用麻逸布五色紬緞錦緞銅鼎紅油布之屬

二十六

班達里

地與鬼屈波思國為鄰山峙而石盤田瘠穀少氣候微熱淫雨間作俗怪屋傍每有鬼祖啼如人身相續至五更而啼止次日酋長必遣人乘騎鳴鑼以逐之卒不見其蹤影也厥後立廟守宇于盤石之上以立焉否則人畜有疾國必有災男女椎髻繫巫崙布不事針綫紡績煮海為塩地產甸于鵝忽石兜羅綿木綿花青蒙石貿易之貨用諸色緞青白磁鐵器五色燒珠之屬

曼陀郎

國界西北隅與播寧接壤〻瘠宜種麥酋長七尺有餘二國勢均不事侵我故累世結姻媾有朱陳村之俗爲蠻陌之所近聞

他國之所未見者氣候少熱男女挽髻以白布包頭皂布為服以木犀花釀酒地產犀角木綿橘四斗花可重一斤西瓜五十斤重有餘石榴大如斗貿易之貨用丁香荳蔲良姜蓽　五色布青器斗錫酒之屬

喃啞哩

地當喃啞哩之要衝大波山如動盪日月望洋之際疑若無地民居環山各得其所男女椎髻露躰繫捎布田瘠谷少氣候暖俗尚劫掠亞於牛單錫也地產鶴頂龜筒玳瑁降真香冠於各番貿易之貨用金銀鉄器薔薇水紅絲布樟腦青白花碗之屬

夫以舶歷風濤回經此國幸而免於魚龍之厄而人罹虎口莫

能逃之具赤風汎汎之乖時使之然哉

北溜

地勢居下千嶼萬島舶往西洋過僧加剌傍潮流迅急更值風逆輙漂此國候次年夏東南風舶仍上溜之皆水中有石槎中牙利如鋒刃盖已不勝舟矣地産椰子索䝙子魚乾大手巾布海商每將一舶䝙子下烏爹朋加剌必互易米一船有餘盖彼畨以䝙子推錢用亦久遠之食法也

下里

國居小唄喃古里佛之中又名小港口山曠而原平地方數千餘里民所奠居星羅碁布家給人足厥田中下農力耕氣候暖

風俗淳民尚氣出入必懸弓箭及牌以隨身男女削髮繫溜布地產胡椒冠於各番不可勝計樹木滿山蔓衍如藤蘿冬花而夏實民採而蒸曝以乾爲度其味辛採者多不禁其味之觸人甚至以川芎煎湯解之他番之有胡椒者皆此國流波之餘也

高郎步

大佛山之下灣環中縱橫皆鹵股石其地濕卑田瘠米穀翔貴氣候暖俗薄舶人不幸失風或駐閣於其地者徒爲酋長之利舶中所有貨物多至全璧而歸之酋以爲天賜也孰知舶人妻子飢寒之所望哉男女撮髻繫八郎那間布捎煮海爲鹽釀蔗漿爲酒有酋長地產紅石頭與僧加剌同貿易之貨用八丹布

廿八

斗錫酒薔薇水蘇木金銀之屬

沙里八丹

國居古里佛山之後其地沃衍田少俗美氣候微暖男女繫布纏頭循海而居珠眥之馬頭也民有犯罪者以石灰畫圈于地使之立圈内不令轉足此其極刑也地產八丹布珎珠由第三港來皆物之所自產也其地採珠官抽畢皆以小舟渡此國互易富者用金銀以低價塌之舶至求售於唐人其利豈淺鮮哉

金塔

古崖之下聖井傍有塔十丈有餘塔頂曾渡以金其頂頹而台爛惟苔蘚青青耳上有鶴巢覺七尺餘有朱頂雌雄二鶴長存

漢人每歲祭 其上酋長子孫相傳以来千有餘年矣春則育一二雛及羽翼成飛去惟老鶴為其國人書扁曰老鶴里土瘠而民貧氣候不齊俗朴男女椎髻纏白布繫溜布民煮海為塩女耕織為業壽多至百有餘歲地產大布手巾木綿貿易之貨用鉄鼎五色布之屬

東淡邈

阜捷相去有間近希苓數日程山瘠民稠田沃稲登百姓充給氣候熱俗重耕牛每于二月舂米為餅以飼之名為報耕種之本男女椎髻繫八丹布煮海為塩釀椰漿為酒有酋長地產胡椒亞于闍婆玳瑁木綿大檳榔貿易之貨用銀五色布銅鼎鉄

二十九

器燒珠之屬

大八丹

國居西洋之後名崔婆嶺相望數百里田平豐稔時雨霑渥近年田中生叢禾丈有餘長禾莖四十有八穀粒一百三十長半寸許國人傳玩以為禾王民間禾土移至酋長之家一歲之上莖不枯槁後其國自墜色如金養之以檳榔灰使其不蛀治今存其時國人曝之以為寶馬氣候熱俗淳男女短髮穿南溜布煮海為塩地産綿布婆羅蜜貿易之貨用南絲鉄條紫粉木梳白糖之屬

加里那

國近具山其地磽确田瘠穀少王國之亞波下有石穴深邃有白牛種每歲逢春産白牛仍有雌雄酋長畜之名宦牛聽其自然滋育於國酋長其繁衍以之互市他國得金十兩歟後牛遂不産氣候稍熱風俗淳厚男女髡髮穿長衫煮井爲塩釀椰漿爲酒地産綿羊高者二百餘斤逢春則割其尾用番藥搽之次年其尾復生如故貿易之貨用青白花碗細絹鐵條水銀之屬

土塔

居八丹之平原赤石圍遶有土磚甃塔高數丈漢字書云咸淳三年八月畢工傳聞中國之人其年敀彼爲書於石以刻之至

卅

今不磨滅馬土瘠田少氣候半熱秋冬微冷俗好善民間多事崇香聖佛以金銀器皿事之男女斷髮其身如漆繫以白布有酋長地產綿布花布大手巾梹榔貿易之貨用糖霜五色絹青段蘇木之屬

第三港

古號為淵今名新港口岸分南北民結屋而居田土氣候俗男女與八月同去此港八十餘里洋名大朗蚌珠海內為最富採取之際酋長殺人及十數牲祭海神選日集舟人採珠每舟以五人為率二人蕩槳二人收緪其一人用圈竹匡其袋口懸於頸上仍用收緪繫石於腰放墜海底以手爬珠蚌入袋中遂執

綆牽制其舟中之人收綆人隨綆而上纔以珠蚌瑣舟中既滿載則官場週回皆官兵守之越數日候其肉腐爛則去其殼以羅盛腐肉漩轉洗之則肉去珠存仍巨細篩閱於十分中官抽一半以五分與舟人均分若太海神以取之入水者多葬於鰐魚之腹吁得之良可憫也舶人幸當其取之歲往往以金與之互易歸則樂數倍之利富可立致特　遘其時耳

華羅

揸椰樹為疆理疊青石為室田土瘠磽宜種移氣候常熱秋冬草木越增茂盛俗恬民閒每創石亭數四塑以泥牛或刻石為像朝夕諷經敬之若人佛焉仍以香花燈燭為之供養凡所生

三十一

之壇所行之地及墻壁之上悉以牛糞和泥塗之以為潔淨隣人往来苟非其類則不敢造其所男女形黑無酋長年尊者主之語言譎陟加反諏女加反以檀香牛糞搽其額以白細布纏頭穿長衫與今之南毗人少異而大同

麻那里

界迷黎之東南居垣角之絕島石有楠樹萬枝周圍皆水有蠔如山立人少耕土薄田瘠氣候不齊俗侈男女辮髮以帶捎臂用金鈿穿五色絹短衫以朋加剌布為獨幅裙繫之地產駱駝高九尺土人以之負重有仙鶴高六尺許以石為食聞人拍掌則聳翼而舞其容儀可觀亦異物也

加將門里

去加里二千餘里喬木成林修竹高節其地堰瀦甲肥美一歲三收穀通商販於他國氣候常熱俗薄男女挽髻穿長衫叢雜回人居之土商每興販黑囝往朋加剌互銀錢之多寡隨其大小高下而議價民煮海為塩釀漿為酒有酋長地產象牙兜羅綿花布貿易之貨用蘇杭五色緞南北絲土細絹巫崙布之屬

波斯離

境與西夏聯屬地方五千餘里關市之間民比居如魚鱗田宜麥禾氣候常冷風俗侈麗男女長身編髮穿駝褐毛衫以軟錦為茵褥燒羊為食煮海為塩有酋長地產琥珀軟錦駝毛腽肭

三十二

臍没藥萬年棗貿易之貨用氈毯五色緞雲南葉金白銀倭鉄大風子牙梳鉄器達剌斯離香之屬

捷吉那

國居達里之地即古之西域山少而瘠氣候半熱天常陰晦俗與羌同男女身面如漆眼圓白髮鬅鬙籠軟錦為衣女資紡織為生男採鴉鶻石為活煮海為鹽釀安石榴為酒有酋長地産安息香琉璃瓶鵬沙梔子花尤勝於他國貿易之貨用沙金花銀五色緞鉄鼎銅線琉水銀之屬

千里馬

北與大奮山截界溪水護市四時澄徹形勢寬容田瘠穀少氣

候乍熱俗淳男女斷髮身繫絲布煮海為鹽釀桂屑為酒有酋長地產翠羽百合蘿蔔貿易之貨用鐵條瓷碗蘇木鉛針之屬

大佛山

大佛山界于迓里高郎步之間至順庚午冬十月有二日因卸帆於山下是夜月明如晝海波不興水清徹底起而徘徊俯窺水國有樹婆娑余指舟人而問此非清琅玕珊瑚珠者耶曰非也此非月中娑羅樹影者耶曰亦非也命童子入水採之則柔滑拔之出水則堅如鐵把而玩之高僅盈尺則其樹槎牙盤結奇怪枝有一花一蘂紅色天然既開者彷彿牡丹半吐者類乎菡萏舟人秉燭環堵而觀之衆乃雀躍而笑曰此瓊樹開花

三十三

也誠海中之稀有亦中國之異聞余歷此四十餘年未嘗覯於此君今得之茲非千載而一遇者乎余次日作古體詩百首以記其實袖之以歸豫章邵庵虞先生見而賦詩迨今留於君子堂以傳玩焉

須文那

國中班支尼那接境山如瓜瓠民樂奠居田膏穀少氣候應節俗鄙薄男女蓬頭繫縧酋長之家有石鶴高七尺餘身白而頂紅彷然生像民間事之為神鶴四五月間聽其夜鳴則是歲豐稔凡有疾則卜之如響斯應民不善煮海為塩地產綿布胡椒亞於希苓淡邈孩兒茶　名烏爹土又名胥實失之其實檳榔

汗也貿易之貨用五色細緞青緞荳蔻大小水罐蘇木之屬

萬里石塘

石塘之骨由潮州而生迤邐如長蛇橫亘海中越海諸國俗云萬里石塘以余推之豈止萬里而已哉舶由玳瑁門掛四帆乘風破浪海上若飛至西洋或百日之外以一日一夜行里計之萬里曾不足故原其地脈歷歷可考一脈至爪哇一脈至勃泥及古里地悶一脈至西洋遐崑崙之地蓋紫陽朱子謂海外之地與中原地脈相連者其以是歟觀夫海洋泛無涯涘中匿石塘孰得而明之避之則吉遇之則凶故子午針人之命脈所係苟非舟子之精明能不覆且溺矣吁得意之地勿再往豈可以風

三十四

濤為經路也哉

小唄喃

地與都欄礁相近厥土黑墳本宜穀麥民居懶事耕作歲藉烏爹運米供給或風迅到遲馬船已去貨載不滿風汛或逆不得過喃巫哩洋且防高浪阜中鹵股石之厄所以此地駐冬候夏年八九月馬船復來移船回古里佛互市風俗男女衣着與古里佛同有村主無酋長地產胡椒椰子檳榔溜魚貨易之貨用金錢青白花器八丹布五色緞鐵器之屬

古里佛

當巨海之要衝去僧加剌密邇亦西洋諸馬頭也山橫而田瘠

宜種麦每歲籍烏爹水至行者讓路道不拾遺俗稍近古其法
至垣盜一牛酋以牛頭為準失主仍以犯人家產籍沒而戮之
官場居深山中海濱為市以通貿易地產胡椒亞於下里人間
居有倉廪貯之每播荷三百七十五斤稅收十分之下二次加
張葉皮桑布薔薇水波羅蜜孩兒茶其珊瑚珍珠乳香諸等貨
皆由甘理佛朗來也去貨與小唄喃國同蓄好馬自西極來故
以船載至此國每足互易動金錢千百或至四千為率否則番
人議其國空乏也

朋加剌

五嶺崔嵬樹林拔萃民環而居之歲以耕殖為業故野無曠土

三十五

山疇極美一歲凡三收穀百物皆廉即古忻都州府也氣候常熱風俗最為淳厚男女以細布纏頭穿長衫官稅以十分中取其二焉國鑄銀錢名唐加每歲錢八分重流通使用互易則子一萬五百二十有餘以權小錢便民良有益也產花布高你布兜羅錦翡翠羽貿易之貨用南北絲五色絹緞丁香荳蔻青白花罷白纓之屬茲番所以民安物泰皆由耕農力有以致之是故原防管茅之也地民懇闢種植不倦 廉勞再之役因天之時而分地利國富俗厚可以軼舊港而邁闍婆也

巴南巴西

國居大響山之南環居數十里土瘠宜種荳氣候乍涼俗尚澆

薄男女體小而形黑眼圓耳長手垂過膝身披絲絨单被凡民間女子其形窊（於加切）齖（若加切）自七歲父母以歌舞教之身摺疊而圓轉變態出粗有可觀倘適他國呈其藝術則予以小錢為貫地產細綿布舶人以錫易之

放拜

居巴溢亂石之間渡橋出入週圍無田平曠皆陸地宜種麥氣候常暖風俗質朴男女面長目反白容黑如漆編髮為繩穿斜紋木綿長衫煮海為塩煆蠣殼石為炭以代炊有酋長地產絕細布匹濶七尺長有餘大檳榔為諸番之冠皆用金貝八子紅白燒珠之屬

三十六

大烏爹

國近巴南之地界西洋之中葢山多鹵股田雜沙土有黑歲宜種荳氣候常熱俗尚淳男女身修長女生髭穿細布繫紅綃捎女善戰使標鎗批竹矢毒於蛇使國人極畏之仍以金錢魚兼𧴩子使用煮海為鹽以遊巡法釀酒有酋長地產布匹貓兒眼精鴉鶻石翠羽貿易之貨白銅鼓板五色緞金銀鉄器之屬國以𧴩子金錢流通使用所以便民也成周以世用錢幣漢武造皮幣鑄白銀無非子母相權而已如西洋諸番國鑄為大小金錢使用與中國銅錢異雖無其幣以兼之得非法古之道者哉

萬年港

淩門正灣為之引從彷彿相望中有長淵二十餘丈其深無底魚龍之淵藪也旁有山如氐環而居田瘠地窄宜谷麥氣候常熱俗朴男女椎髻繫青布捎煮海為鹽釀蔗漿為酒有酋長地產降眞條木綿黄蠟貿易之貨用鐵條銅線土印花布瓦瓶之屬

馬八兒嶼

控西北之隅居加將門之右瀕山而居土鹹田沃饒歲倍收氣候熱俗澆男女散髮以椰葉蔽羞不事緝織鑿井煮海為鹽釀椰漿為酒無酋長地產羽細布大羊百有餘斤穀米價廉貿易之貨用砂金青段白礬紅綠燒珠之屬次曰扳忽曰里達那曰

骨里傍曰安其曰伽忽皆屬此國之節制焉

阿思里

極西南達國里之地無山林之限風起則飛沙撲面人不敢行居人編竹以蔽之氣候熱半年之間多不見雨掘井而飲深至二三百丈味甘而美其地防原宜種麦或潮水至原下則其地上潤麦苗自秀俗惡男女編髮以牛羊為繩接髮捎至齊膝為奇以鳥羽為衣擣麦〻餅為食民不善煮海為鹽地產大綿布小布匹貿易之貨用銀鉄器青燒燭珠之屬

哩伽塔

國居遼西之界乃國王海之濱田瘠宜種黍民疊板石為居掘

地丈有餘深以藏種子雖三載亦不朽也氣候秋熱而夏涼俗尚朴男女瘦長其形古怪髮長二寸而不見長穿布桶衣繫皂布捎煮海為塩釀黍為酒以牛乳為食地產青琅玕珊瑚樹其樹或長一丈有餘或七八尺許一尺有餘秋冬民間皆用舡採取以横木繫破網及紗線於其上仍以索縛木兩頭大於船上牵以拖之則其樹槎牙掛挽而上貿易之貨用金銀五色緞巫崙布之屬

天堂

地多曠漠即古筠沖之地又名為西域風景融和四時之春也田沃稻饒居民樂業云南有路可通一年之上可至其地西洋

三十八

亦有路通名為天堂有回〻歷與中國授時歷前後至爭三日其選日永無差異氣候暖風俗好善男女辮髮穿細布〻衫繫細布梢地產西馬高八尺許人多以馬乳拌飯為食則人肥美貿易之貨用銀五色緞青白花器鉄鼎之屬

天竺

居大食之東隸秦王之主去海二百餘里地平沃氣候不齊俗尚古風男女身長七尺小目長項手帕繫額編髮垂耳穿百日衣以籐皮織鞋以綿紗結襪仍將穿之示其執禮也不善煮鹽海為鹽食仰他國民間以金錢流通使用有酋長地產金沙駿馬貿易之貨用銀青白花器斗錫酒色印布之屬

層搖羅

國居大食之西南崖無林地多淳田瘠穀少故多種薯以代糧食每每販於其地者若有穀米與之交易其利甚博氣候不齊俗古直男女挽髮穿無縫短裙民事網罟取禽獸為食煮海為塩釀蔗漿為酒有酋長地產紅檀紫蔗象齒龍涎生金鴨嘴膽礬貿易之貨用牙箱花銀五色段之屬

馬魯澗

國與遐邇沙喃之後山接壤民樂業而富遮廻廣一萬八千餘里西洋國悉臣屬焉有酋長元臨漳人陳其姓也幼能讀書長練兵事國初領兵鎮甘州遂入此國討境不復返茲地產馬故

三十九

多馬軍動侵番國以兵凡若干萬歲以正月三日則建高壇以受兵賀所至之地即成聚落一所民間互易而卒無擾攘之患蓋以形刑法之重如此觀其威逼諸番嚴行賞罰亦酋豪中之表表者乎

甘埋里

國居西南馮之地與佛郎相近乘風張帆二月可至小唄喃其地造舟為馬船大于商舶不使釘灰用椰索板成片每舶二三層用板棧滲漏不勝稍人日夜輪戽水不竭下以乳香壓重上載馬數百匹頭小尾輕鹿身吊肚四蹄削鐵高七尺許日夜可行千里所有木香琥珀之數地產自佛朗國來商販於西洋互

易去貨丁香荳蔻青段麝香紅色燒珠蘇杭色緞蘇木青白花器甆瓶鐵條以胡椒載而返椒之所以貴者皆因此船運去尤多較商舶之取十不及其一焉

麻呵斯離

去大食國八千餘里與鯨板奴國相近田海涌溪約二佰餘里石道崎嶇至官塲三百餘里地平如席氣候應節風俗鄙倫男女編髮眼如銅鈴穿長衫煮海為塩釀蔗漿為酒有酋長地產青塩馬乳葡萄米麥其麥粒長半寸許甘露每歲八九月下民間築淨池以成之旭日曝則融結如水味甚糖霜仍以甆器貯之調湯而飲以辟瘴癘古云甘露王如來即其地也貿易之貨

四十

用剌速斯離布紫金白銅青琅玕闍婆布之屬

羅婆斯

國與麻加那之右山聯屬奇峯磊磊如天馬奔馳形勢臨海男女異形不織不衣以鳥羽掩身食無烟火惟有茹毛飲血巢居穴處而已雖然飲食宮室節宣之不可闕也絲麻絺紵寒暑來之來不可違也夫以洛南北之地懸隔千里尚有寒暑之殊而況而於窮海諸國者哉其地鍾湯之全故民無衣服之備陶然自適以宇宙輪輿冝乎茹飯擇不擇巢穴不易相與浮乎太古之天矣

烏爹

國因伽里之舊名也山林益少其地堰瀦而半曠民專農業田沃稼茂既無絶粮荐之災又無蝗蝻之災歲凡三稔諸佛皆康道不拾遺鄉里和睦士尤尚義俗厚民泰各番之所不及也氣候男女與朋加剌畧同稅收十分之一也地產大 黑國翠羽黃蠟木綿細匹布貿易之貨用金銀五色緞白絲丁香荳蔻茅香青白花器鼓瑟之屬每个銀錢重二錢八分准中統鈔一十兩易䝟子計一萬一千五百二十餘折錢使用以二百五十䝟子糶一尖羅熟米折官斗有一斗六升每錢收䝟子可得四十六羅米通計七十三斗二升可供二人一歲之食有餘故販其地者十去九不還也夫以外夷而得知務農重穀使國無遊民

四十一

故家給人足歲無飢寒之憂設之與行禮讓教以詩書禮樂則與中國之風無間然矣烏謂蠻貊之邦而不可行者乎

異聞類聚

古有奇肱國之民能為飛車從風遠行見于博物誌矣次曰頓遜國凡人死送於廓外鳥食肉盡乃去以火燒其骨即沉於海中謂之鳥葬見于窮神秘苑矣次曰國晝長夜短薄暮煮一羊胛方熟東廂以曙見於神異録矣次曰大食國山樹花開如人手不解語人借問惟頻笑笑則彫落見於酉陽雜俎矣次曰婆登國種穀每月一熟見於神異之記次曰繳濮國人有尾欲坐則先穴地以安之誤折其尾則死見於廣州之記次曰南方之

産翁獠婦娩子是擁衾抱雛以讓衛之見於南楚之新聞次番禺縣民災疏園盜之於百里之外若浮筏乘流於海上有縣宰爲之判杖見於玉堂之閑話他如女人國視井而生育茶弼沙國入其地聲震雷霆至於南方縛婦成姻多非禮聘嶺南之好女不事緝織南海之貧妻名爲腹指賣南中之師即擁婦而食肉此又人物風俗之不同録之以備采覽故曰異聞類聚

島夷誌後序

皇元混一聲教無遠弗届區宇之廣曠古所未聞海外島夷無慮數千國莫不執玉貢琛以修民職梯山航海以通互市中國之往復商販於殊庭異域之中者如東西州焉大淵少年嘗附

四十二

舶以浮于海所過之域竊嘗賦詩以記其山川土俗風景物産
之詭異與夫可怪可愕可鄙可笑之事皆身所遊覽耳目所親
見傳說之事則不載焉至正己丑冬大淵過泉南適監郡偰候
命三山吳鑒明之序清源郡誌顧以清源舶司所在諸番輻輳
之所宜記録不鄙謂余知方外事屬島夷誌附於郡誌之後非
徒以廣士大夫之異聞以表
國朝威德如是之大且遠也

島夷誌畧 終

皇明嘉靖戊申五月望汝南郡考
島夷惟日本重文事其髹漆金器
刀紙屏障最精此誌不載故及之
予於正德初年因本國使臣朝貢
留寓姑蘇其正使了庵年已八十八
詩札賡酬尚在陶齋袁表識

四十三

奉使安南水程日記

奉使安南水程日記

一卷

〔明〕黄福 撰

明刻本

紀錄彙編卷之六十四

奉使安南水程日記

黄福

永樂四年有事于安南舟車所抵耳目所得具筆于後

七月初一日入　辭是日會同館起馬宿龍江驛

初二日早龍江驛起船由大勝港過芋山渡望方山詢單橋午至大勝驛有仙人磯石横于中流其勢巉巗其流洶湧舟人每爲之震讋又有三山磯三峰聯峙于岸其峻秀可觀是夕風雨横

紀錄彙編卷之六十四

江艤舟于岸逮中夜而作

初三日晚至和尚港其港遶山周回首尾通江僅百餘步港之兩岸椰陰茅屋豚柵鷄塒儼然如市次至黄蓬磯獨一山梳于江岸又之響纍硐磯有觀音洞又南之雲頭磯雲峰侵冲漠狂瀾回汪舟子莫能支沿岸而繂者蟻附又之䖸兒磯山青雲白耕牧雜然于下有政平訟理之氣象又之望夫磯其山連亘僅一里惟石巉巖芳草叢綠又之采石驛時將及午入支江上有李白墓俗謂此地多旨酒以故居者樓閣重重臨

流而市酒者比他率多又南二十里覩黃山又二里許望太平皆出支江之左也又三十里許曰東梁山在大江之左支江之右山勢甚惟西梁山又在大江之右與東梁山相望其勢相若此處出支江入大江亦扼要地有大信巡司在焉治居支江之左暮泊黑山磯是夕風雨大作中夜而興

初四日早至櫓港驛風雨如昨驛治在江之東岘近荻港有板子磯如采石支江抱一小山而南行十里許與大江通磯之東約五里荻港驛在

焉是日申時至驛晝夜兼行

初五日辰至大通驛其驛亦在支江之東南約數十步與大江合暮至池口驛是夕天清月白風息波平鼓枻而南如有助者

初六日五更至李楊河驛入長風夾傍有小徑舟子得以牽籚辰至安慶同安驛泊舟于張家港港西岸有嶺林茂地僻時將未遂爲文于是嶺之巔祭其故榜子南保而行其文失矣

初七日平旦之雷港驛過急水溝仍乘風入江一帆輕快過彭郎磯望小孤山巴而至龍城驛彭

澤縣側有狄梁公祠堂在焉而陶潛像亦置其右龍城發棹日將暮矣

初八日辰至彭蠡驛有湖口縣治在驛之東北過鄱陽湖口江水湖水于此合流而下南望廬山隱隱在雲霧表而不知其高下也湖水中有鞋山峙焉中流特立其勢類鞋名取此也江流西上有南湖嘴山巡司在焉午未至潯陽驛九江府治在焉由支江而南東望廬山最近聞人云約三十里山外南康所隸山之中有竹林等寺山之側有五老等峰而周顛仙碑亭尖之後而

今見與焉夜行如昨

初九日辰至富池驛驛隷興國州午未至蘄陽驛隷蘄州

初十日曉至蘭溪驛江岸有路牽者得行過赤壁望黃州下午未至齊安驛驛在黃州府城外與遞運所連枕江流舟行未十里風雨大作冒行不已

十一日卯至陽邏驛驛隷黃崗縣過午至夏口驛驛在武昌城外舟次于驛前報名于典儀所

十二日早入　見回時將辰遂放舟而南午未至

金口驛驛隸江夏縣風順帆輕篙者咸有豫色逮暮至簰洲驛驛隸嘉魚縣舟行過半夜至魚山驛驛亦隸嘉魚縣自金口驛以來湖水瀰漫多與江合吾舟悉由湖而行帆拂蘆荻花棹穿菱芡實水閑風順無洶湧之虞亦甚樂也

十三日辰至石頭口驛驛亦隸嘉魚縣舟亦從湖水徑之鴨欄驛時將交申驛之前有石如砥柱峙于漩流轉而南有鴨欄磯又孛之白馬磯鴨欄北之白馬山高水急舟者未免用力驛之右有茶山批驗所及臨湘巡檢司三衙鼎峙江流

俱隸臨湘縣又南有楊陵及臨湘一磯暮至城陵驛越十五里許過巴陵縣望岳陽樓君山褊山峙于西南如中流砥柱焉時風順月明波濤不作湖之行如履平地過夜半舟至鹿角驛驛在湖山之東以水急舟皆集于驛之南小河之所去邑一里許遂乘風挂席而南斯驛隸巴陵縣

十四日日將出至磊石驛驛之左有觀音閣閣之左有龍神祠祠側營涵虛一亭亭之壁有竹木之畫騷人詠唱筆跡率多如駢珠迸玉殆不可

以斯須徧觀也是日出洞庭巳時至營田驛驛隸湘陰縣過未時至笙竹驛驛亦隸湘陰縣縣治在驛之東南去泊舟之所不遠治縣者未之見不知其爲人舟遂行至申末至形關驛驛隸長沙縣驛背小山竹木森然驛前有樓曰凝翠倚山枕水可縱遊覽遂挂席而南是日夜將半舟至臨湘驛驛在長沙府城外驛隸長沙縣

十五日早入　見遂辭而行至申末舟至湘潭驛驛隸湘潭縣縣治在驛之後北去約一里許舟行過半夜至淥口驛驛隸長沙醴陵縣驛治可

觀行三十里空洲在湘江中流江之兩岸花木參差禽鳥咬嘎遊子騷人吟懷旅思于是未有確然而不動者也

十六日辰末至泗洲驛驛亦隸醴陵縣暮至都石驛驛隸湘潭縣夜半至皇華驛驛隸衡山縣驛至縣十五里縣有南嶽歲時享祀

十七日卯末至霞流驛驛亦隸衡山縣未時至七里驛驛隸衡陽縣驛之北有七里灘俗云漢嚴陵曾釣于此詢無遺跡暮至臨烝驛驛隸衡陽縣衡州府治在焉驛治在府之城外北門放舟

夜行驛之下三四里許一水自西北來通寶慶一水自東南來通郴州耒陽縣

十八日辰至新塘驛驛亦隸衡陽縣驛過廻皆有渫引水養魚生意可嘉巳未至柏坊驛驛隸衡州府常寧縣夜至河州驛驛隸常寧縣

十九日早至歸陽驛驛隸永州府祁陽縣申至三吾驛驛亦隸祁陽縣此驛間至方瀲驛有九十里夜行如前

二十日卯至方瀲驛驛隸永州府零陵縣是日申時至湘口驛驛亦隸零陵縣去永州府城十里

許驛之東南一水通道州驛之西北一水通廣
西二水至驛合流而北是夜泊舟于驛前
二十一日早行未末至石期驛驛隷永寧府東安
縣湖廣地方界分于此南至柳浦驛以往隷廣
西
二十二日丑至柳浦驛驛隷廣西桂林府全州驛
西行四十餘里有黄沙市河設浮橋連横于水
上司橋有判官倉使老人是日未時至山角驛
驛隷全州
二十三日早至城南驛驛隷全州是日申末至白

雲驛驛隸桂林府興安縣縣去驛半里許驛之南北設閘三十六所驛以北閘十水流而北驛以南閘二十六水流而南每處設軍二人守之船過則放閘

二十四日五更至大龍驛是日未初至東江驛館于紫極宫報名典儀所

二十五日早　見免禮

閏七月初五日報名典儀所

初六日早　辭免禮是日午後遂行至南亭驛驛至臨桂七十里隸臨桂縣驛之前有榕樹一本

九枝其根盤錯延袤甚遠其陰婆娑殆有頃餘
人云自宋有之近五百年餘
初七日丑時至古祚驛驛隷陽朔縣遠有一百二
十里午後至昭潭驛驛隷平樂縣遠一百里有
平樂府治千戶所治在焉申時至廣運驛驛隷
平樂縣遠一百里是日戌時至昭平驛程一百
二十里隷平樂縣
初八日卯時至龍門驛程二百四十里隷平樂縣
午時至龍江驛程六十里申時至府門驛驛隷
蒼梧縣梧州府治千戶所治在焉驛之程一百

二十里

初九日巳時抵藤江驛驛隸藤縣縣之令有曰周顒者聞有政聲驛之程百一十里是日戌時至黃冊驛驛隸藤縣程百二十里

初十日午時至烏江驛驛隸平南縣縣治去驛不遠程百二十里

十一日巳時至府門驛驛隸桂平縣潯州府衛治在焉程百八十里此驛西有山曰西山去縣四十里林崖深悉人所罕到猺獞居多每與大通峽獞人合夕剽掠居民受害其可惡也至暮發

舟

十二日戌時至東津驛驛隸貴縣程八十里

十三日卯時至懷津驛程百六十里隸貴縣有縣治千戶所在焉

十四日辰時至香江驛驛隸貴縣程八十里申時至烏蠻驛驛隸橫州程八十里香江之來烏蠻灘水險惡有十里餘遡舟頗難名曰烏蠻灘

十五日辰時至州門驛驛隸橫州州治與馴象衛在焉程百八十里是日午後開船

十六日午後至火烟驛驛隸橫州程八十里驛之

北十餘步許有灘曰雷霹水甚險遠舟人每先繫纜于岸之樹然後沿纜而進已復解纜而去繼者復如之人勞事滯計無所出特命驛與永淳縣置大纜系之便于舟人是日戌時至永淳驛驛隷永淳縣程百八十里

十七日酉時至黄范驛驛隷宣化縣程八十里

十八日午時至建武驛驛在南寧府城之南有衛治在焉程百二十里住一日半

十九日戌時發舟翼日辰時之左右江水合流處

二十一日午時至凌山驛驛隷宣化縣程四百里

有奇

二十二日午時至大盧由旱路行夜亦行

二十三日早至太平府館于千户所與大理陳公

給事馮公僉事杜公同事務共炊爨

九月初三日早先來龍州整理事務行約二十里

有老軍王英追報馮給事軍前回還就復回太

平

初六日早起馬來龍州夜暫駐于蹬勤驛尋即夜

行達旦至龍州館于頭目王二之空閣

十月初五日軍前令隨前進議留黎主事杜僉事

理龍州糧運事愚與大理公給事公遂行先之馱海度糧運之難不可離去復於軍前白准仍留領督館于憑祥縣廳事事頓有緒遂復往軍前

二十一日早起馬前進是日午末至坡壘關宿于都督韓公之營

二十二日早行午過丘溫保暮宿于丘溫南二十里王都司行營

二十三日早行午過隘留關此關賊之塹壘尚在其險異于他隘暮至鷄靈堡

二十六日早行暮至監龐關宿于陳都司營

二十七日早行晚至芹站堡宿于張都司營

十一月初九日起馬至昌江小堡宿

初十日午至市橋堡

十一日早行於呂都督營宿

十四日早至大營白議事畢

十八日復回暮宿于野

十九日至市橋堡宿

二十日晚至昌江堡宿

二十一日至芹站

二十三日至鷄靈堡宿

二十四日晚至丘温宿

二十七日起至坡壘宿

二十八日至憑祥縣仍治所事

廣信府同知鄒　潘

推官方　重

臨江府推官袁長馭校正

上饒縣學教諭余學申對讀

湖州府後學吳仕旦覆訂

紀録彙編卷之六十四終

毛大將軍海上情形

毛大將軍海上情形

一卷

〔明〕汪汝淳　撰

日本抄本

毛將軍海上情形

全

毛大將軍
由庚堂梓
海上情形

毛大将軍海上情形

當戊午奴酋發難于遼左識者久已知之盖
庚戌突關殺戮之慘業已昭著於前而當事
實猶醉夢
廟廊狃于故習久失防禦以至決裂日甚一日
而封疆之臣逓壞逓更逓更逓壞然其間豈
無長城之足恃究竟同歸于一敗此其故盖
有難言者矣今
毛大将軍孤懸海上猶幸得舒撐天之手以
展其生平萬一如肉食者之迂談搴而寘之

當闕則全副精神不足以供倒執手。版尚安
能辨賊批故今日之病。病在議論繁而私意
廣浮夸大而經制疎既無補于實濟安望其
有實功。苟非藉海上之偏師一振于鎮江擒
叛將佟養貞等。獻俘
闕
廷。再振于林畔。以挫衂其首手。不啻以空拳
搏猛虎。今且建大纛于平島。開督府于朝鮮
精忠貫徹寰寓人心。歸
天意順駸駸乎。有犁廷掃穴之勢。徑二三鄉人。
從海上歸者。畧述彼中情形。極稱將軍將畧。

于此近朝鮮新主。效忠許助兵八萬。已遣大將張曉領兵數萬覘屯境上。聽候征調矣。此進據之情形也。朝鮮自春季易主後新主李倧較廢主李琿更恭順。至今尚稱暫署國事。不敢正位報簒。後即斬邊臣鄭選・朴燁以謝毛將軍緣林畔之戰透露消息于奴也。已又移咨懇毛將軍轉

奏。乞封另文。月助餉萬石。四月擒奸細王宇吉械送毛將軍梟首。五月奉將軍檄助兵進勦遣大將張曉屯兵境上。悉聽約束閣道大臣

悉皆涯見其恭順若此尚安忍肆言撻伐而不急議封冊以鼓忠順乎此朝鮮之情形也往李暉已有陽奉正朔陰順奴酋之意頼彼閣臣李尚吉力持不可始止

奴酋則自辛酉臘月十四日林畔龍衣戦之後去春鎮武撤回又見毛将軍不時有兵揚帆海上而平島逼在建州之後今春夏漸逼寛鎮故次第抽回以保老寨今奴親兵實不満四五萬而編兵逃者逃死者死期年之間已去十三又為毛将軍招回五六萬故奴日益猜而殺戮日盖衆編兵凛凛思逃雖分佈各

城堡尚有數萬。而以李永芳。鎮守得勝城。操督各路兵馬。今春李見海上迎降兵船群集。走漏機密。故悉將金復等處一帶。兵馬及李永芳等。盡數撤回老寨。遼城拆作白地。今哨馬出入。遼海直抵得勝城。絕無防禦。初夏毛將軍具稟

樞輔孫公。約會進兵。毛出寬鎮。逼奴老寨。孫屯廣寧。候彼分兵。先取海州。入據再會關兵。過河同取新城。而樞輔以不得奴首真耗。未可輕易進兵。不允所請。故于六月十六日。公自

提兵徑趨寬鎮。今奴畏公日甚而猜疑。日深又見近日逃亡數多。故殺戮遼人更慘糧餉盡撤運歸巢。而遼人日益怨恨思歸將軍矣此奴酋之情形也。奴大帥名。阿骨者極驍勇善用兵名位既高。又素得士心。李永芳以下。悉皆叩頭。自奴起兵以來。皆阿骨力每破一城。諸頭目殺戮極慘。獨阿骨能撫循收用降民分糧給食。故歸之者。皆死心効用。所向無敵。去歲毛將軍用間以離之。奴竟殺阿骨。阿骨死。遂失撫馭之帥。而奴性猜又極嚴酷。日

天

事殺戮故遼之降民凜凜思叛亦

亡奴之一機也。

今年三月間李永芳。楊于渭。王子登。劉愛塔。

四人。見遼民歸者日衆。遣使請降乞免死。金

牌袍段等項。毛將軍一一給之去後登鎮沉

有容聞風差巨艦四十艘迎降。機泄爲奴所

伺隨將李永芳。等撤回老寨。四人中。惟劉愛

塔實心歸降。陰受節制。金復一帶。沿海地方。

皆其所轄。每見海船。聯帆轍以一報十。以十

報百。恐嚇老奴。故奴畏云。南朝。如何有這許

多兵馬且毛將軍進屯寬鎮逼近老巢遂
盡數撤歸防守而金復海蓋一空矣此四月
以後之情形也
馬自毛將軍庚申奏文摠督洛送巡撫王委
以海上之役親隨僅二百二十餘人領旗牌
令箭空劄文誥及朝鮮咨文由三岔下海親
歷各島鼓舞人心激以忠憤而各島逃竄遼
兵民無不泣下奉將軍約束者然舟行尚無
一騎進至彌串雖有馬僅供往來哨探鎮江
破擒叛將佟養貞等數十人獻俘

闕廷招降遼兵民數千始獲戰馬數百騎未幾
奴酋擁衆數萬南下將軍知衆寡不敵盡招
遼民退保彌串及朝鮮邊境屯劄而奴之慘
殺已不忍言矣辛酉冬林畔之役壬戌春始
週行各島相擇屯駐遂于平島建置帥府入
夏遼兵民歸附日衆而馬亦稍稍增聞出兵
設伏寬鎮間奴騎零星哨探中伏輒擒并奪
其馬屢中屢擒不期年遂得馬七十餘騎今
留平島牧養以備偵哨并諸將士出入之用
者約千騎餘發鐵山喂養以備征調維新歸

将軍慨嘆謂三年精勤孤懸海上雖得
朝廷帑金七萬尚不足充此七千馬價然必欲
大舉非再得膘壯之馬萬餘尤未敢輕入今
雖隨地設伏而奴馬已盡撤回絶無零星虜
騎将軍往受異傳有盾甲之法以木爲城足
當奴馬昔已獻之袁經畧不用而退令屯兵
往往用此然從盾甲中飛砲可以貫城摧衆
虜之驍騎也公所得馬七千付鮮、撥夫、七千人、牧養於鐵山、仍委游撃張恩、捴理、凡倒死與新産[illegible]駒、逐月冊報又一事甚奇去冬奴首帰
巣忽一夕夢一金甲太将立其前叙問爲誰

答曰毛文龍奴驚問汝何来曰取汝首級也奴驚走而醒次日大掲榜文有能斬毛文龍首級者以全遼王之凡數日無一應已而遼之降民王宇吉者降奴已兩期奴亦親信之已授職領兵乃自請于奴願往刺文龍斬首歸報奴大喜與定盟鑽刀說誓立券而往及行全家束裝奴問汝全家去若不来奈何宇吉對曰不全家不足以信文龍而能親近以行其計奴然之遂行竟投毛公毛公見其家口衆多又述奴之情形甚悉納之不疑尋亦

授職領兵宇吉留兩月見帥府軍容日盛副
叅以下皆遑見劍戟旌旗機無可乘因密通
奴伏精騎三千人于石城島一日諺云前經
石城島尚有遼民數千急欲歸止而無門公
云當遣一大將撥兵船迎護之來世傑曰民
遭殺戮見兵即匿何敢出須公親行公云我
一心報
國專在救拔遼民既有此許多人陷彼安得不
一親行救之遂撥虎船二十六隻船載親兵
三十名員同世傑徑抵石城島登岸行數里

經營布置。確有端緒。駕馭屬國。以誠以信。而其主裁在收遼人以復遼土。故歸之者。如市。今秋。將軍猶子維新。亦自海上來。備述將軍英武進駐。方畧頗與傳者。吻合。第衣甲器械。尚未湊手。火藥糗糧。更屬不支。因合紀之。以祈當事。念天外之孤忠。勉圖接應。收關東之實効。奏凱歌。云。

將軍屯兵平島。開督府于朝鮮之新改館驛。日以招集遼民。安插屯種。揀練將士。為事。凡歸止之遼民。每口月給糧三斗。奴自去冬殺

阿骨後殘酷日甚殺戮日衆故民離怨而歸
将軍者日衆即編剃遼兵逃者亦多歸公今
軍聲大振寛鎮鳳鑾蒲横諸城堡俱已遣将
收復設立防守生以季夏既望歸将軍亦于
是日将五萬衆進屯鎮江寛奠間逼奴老寨
以窺進取朝鮮亦已助兵數萬進屯金溲聽
候調發大畧選兵已十餘萬并新歸附各島
安揷屯種遼之男婦合兵民已五六十萬矣
公初屯駐彌串往来林畔及朝鮮館驛以逼
近鎮江辛酉臘月之戦畏奴馬竊窺且彌串

堡。不能容衆。遂遷平島。平島。原名皮島、公、更名也。環山
峭壁。綿亘一二百里。環海通潮。日凡兩汐。奴
馬不能渡。冬月氷堅。時當嚴防。公招集遼民
安插屯種。週迴島嶼。星列棋置。如石城。有田萬畝、
設參將劉可紳、領兵二千人防守、如鹿島。週圍數十里、山環險峻、設游擊朱尚元、領
兵一千名防守、如常山島。長百餘里、有田萬畝、設守備錢好禮、領兵三百名防守。
如廣祿島。有田數萬、設游擊張繼善、領兵三千餘名防守。如獐串千家
庄。等處皆數十百里。有田十餘萬。可屯種。今
俱次第安插遼民。去今兩歲。開墾頗多。各島
除選兵外。合有遼男婦四五十萬。今秋成熟

便可積穀十餘萬。此招集屯駐之情形也。餉自朝鮮易主後，月助餉萬石，天津歲三運，登萊歲二運，合船三百艘，每船可運米四五百石，則通歲約共運米十餘萬，折色數萬不等。所苦人日衆而衣甲器械不繼，火藥更不敷。今歸止之民老弱悉以屯田，丁壯盡編行伍，第各島田固多而遼民雖衆，今春尚乏種子，故屯種尚不及半，若再得谷種二三千石，則今秋尚多谷十餘萬矣。是歲計已有，鮮餉十餘萬。今朝鮮助兵八萬進勦，故此餉即以餉鮮將士，登津運餉十餘萬。折色數萬。屯種籽粒十餘萬。通計歲已着領餉三十餘萬。此餉之大概。僅足充餉士。十三。而登津。商貨往來。如織。貨至彼。一從帥府掛號。平價咨鮮易糧。以充軍實。公自給價還商。市參以歸。此一轉移。每歲亦不下數萬矣。第各島屯種。海水不能澆灌。遇旱即籽粒無收。必復全遼。始有屯種之實。而旱潦始可溉灌也。兵則屢經揀練。已得驍勇五六萬。衆又自去歲至今。招回奴首剃編。遼兵五六萬外。正二三四月。縺續遣將領兵。進復鎮江寬奠靉陽鳳皇城。横河蒲江。各城堡據守。合亦一二萬

聯絡相應以招脫伍剩兵造冊。食糧者又以
萬計。合亦有勁兵十四五萬。內有衣甲器械者僅四萬人餘。
俱發屯種。軍聲已大振。須亦造冊報部矣。
其進復據守之城堡。及委守兵將。則鎮江城
委游擊。尤景和領兵二千二百八十五員名。防守鳳皇城。則委
游擊領兵三千防守寬奠堡。則委參將易成惠領官兵二千一百七十五員、
名防守大佃堡。則委游擊領兵三千防守靉陽堡。則委游擊曲成恩、
領兵一千二百名防守蒲江。則委守備、領兵千人
防守。横河則委游擊天成、領兵一千五百人防守。
此皆依山為險。勢相聯絡。而毛將軍令出兵

寂無人跡。毛。領問遼民何在世傑。策馬先馳。
指云前面哨馬十餘騎尾。其後公。亦隨行頭
馬登高一望。見韃賊無數急喊有伏疾馳而
旋抵舟。次日方午潮已退。船閣沙岸去大海
尚一望無際。群湧登舟。陸地無策。回首奴馬
僅數里。公。急呼
天禱。祝云。文龍。赤心報
主。念切救民。不顧生死。遂中伏。望
天垂憐。祝始畢。海水忽湧數丈。船從白浪中捲
出。頃刻與奴馬相隔數十里。

神靈之默佑。如此真一太奇事。其日早始潮候。當未潮乃方午而潮湧是日凡三潮。豈非天乎。觀毛將軍一念精誠。呼天天應感格之驗。捷於影响。此可以卜其成功矣。第

閣部全副精神。悉以當關。每歲費帑金五六百萬。尚終日呼號。今日缺糧。明日鼓譟驕兵貪弁。驕官驕餉。殊無實用。若望此輩成功。萬萬不能。況今奴兵已盡撤歸巢。自山海以達遼瀋千餘里。絕無奴馬一人一騎。當關者毫

當事之膽。以鼓榆關之氣。兼以鎮定驕羽之
兵將。非獨以援濟望
當事也。然而
廟廊。尚未見翕然同心相應者。豈不外之孤忠。
之援。彼中之情形。難據乎。淳請開其疑端。而
數其功之必濟。以決當事之疑。
自用兵以来。神奸赤棍。騙官騙餉。横金大盖。
揚揚梓里者。皆不勝屈。欲其得下臂之實用。
幾人。而將金入手。非乞要津之援引。則営故
里之門盧。甚有鮮衣怒馬。雄飲摴蒲。擁聲色

樂而不知軍旅爲何物金盡而逸并其人之
莫可得即提一旅於疆場報功級非殺醫夷
則殘邉民窮日夕之力于奔競而精神十九
疲于酬應尚安能望其精心辨賊哉將軍早
歲行邉矢心報
國二十年三韓宿將不肯妄殺一人妄報一功
雖早已料奴之必反無桒柅在行伍壯志未
酬至
熊公甫拔之都閫而　袁公復柳之不用鬱
汐遼左至於今一切家人生産不問也即今

第係全與衣甲器械火藥之類，仍當送至登州，不宜惜旬日車脚之小費。盖津水程出海二三百里，下多礁石，險於登而難計日。登州府水城内下船，候潮滿順風出水城天橋關，要竟行至廟島，不可泊船於天橋闗外、教塲後一帶，下有礁石，須防颶風。六十里至廟島，猪羊祭獻，掛袍於天妃娘娘畢，候、順風竟往、陀磯島，亦用猪羊祭天妃娘娘獻、掛袍於天妃娘娘娘娘姊妹三人、一在福州、一在廟島、一在陀磯島，皆顯應、必要虔誠祭獻。廟島二百里至陀磯島，天妃娘娘、在奩裏、如遇大順風、不可泊船、許望島、於船上遥祭陀磯。至皇城島二百里，以二百里間不可放砲、及明燈於船艙外、恐驚潛龍也。皇城島開大洋約千餘里至廣祿島，必候順風、則兩

晝夜可到廣祿二百里至長山島長山一日可至

石城島石城百里至鹿島如泊船夜間須嚴巡以近奴老岸多備

銃砲矣鹿島百餘里至平島自石城到平島二百餘里

隄防順風半日可到矣是登州起程僅至廟島六十里下

有礁石稍險防颶餘隨島停泊但候順風不

六七日竟達平島無他險峻故當從此惟檣

餉不得不隨地起運也

小冊紀將軍之實功俾寓内曉然知此成効

張

國威而壯

徒耗金錢當關必不能張撻伐之舉而毛將軍奏績無期中原膏血日以陰耗恐東魯黔蜀之變未必無繼此而起則天下事尚未知所終局也從古能成大功者必得天人之助人心歸則天意助觀毛將軍石城之急則精忠可以格

天而朝鮮亦且斂順如斬義州道觀察使鄭選函其首以謝擒奸細王宇吉械送轅門梟示世傑石城之計不就遂由朝鮮渡江故為所擒今五月初二日梟首妻妾給賞將士矣歲助餉十萬助兵數萬今已遣大將張曉屯

兵境上聽候調發業倶一一實行此雖將軍
之精忠有所感發實
沖聖洪福
列廟神靈之所庇也第屬國效順且如此
當國者豈忍度外視之而不急爲之處以道
呼吸之應乎順
當事早爲之計以慰四海臣民之望舒
聖主東顧之憂
社稷幸甚蒼生幸甚
海運接濟如米豈本色雖隨便分登津起運

毛将軍之兵聲日振漸逼奴塞奴賊憂在腹
心故盡撤外防以實老塞萬無遠渡登津之
理則登萊只可留兵萬餘矣天津只可留兵
一萬以壯軍容為督餉起運之聲勢撤督餉
部院以歸併於津撫撤登撫以歸併於齊撫
裁招練監軍海道之半以節冗費而西地二
萬衆多不過費軍實二三十萬而毛大将軍
海上既已大振所乏者餉寂苦者在火藥與
衣甲器械此時當以海上為正兵以山海為
防守以登津為督餉軍務每歲除鮮助餉及

屯田外尚須海運頒餠五六十萬石合舟車
之費約七八十萬兩硝黄五十萬斤約價十
萬兩衣甲器械歲須二十萬兩通計不過百
萬兩之接濟則毛將軍便可振旅東行克期
成功械奴胥父子及叛賊李永芳輩如養貞
等獻之
闕
廷而新餉與事例雜稅鼓鑄約可六百餘萬
除前項外尚餘三百萬儘足以濟黔蜀之需
若夫
當事尚泄泄於面情以飭目前之虛誇無論

不得一真耗徒見呼號叫急以撓亂視聽盜
虛名而益實禍凜愚以為今日之事宜莫如
以當關之兵將嚴加簡練不必圖多除薊鎮
舊額兵二三萬所當嚴加精選不在新餉外
山海只須選精兵三四萬歸經督於一以
允髦臣之屢請庶
朝廷優老之盛典為不虛且事權不至掣肘關
外如馬大將軍等既已出防只選精兵三萬
人屯練中前兩處勤其訓練以彈壓西虜不
得過寧遠一步而姑寘廣寧王世忠三千之

防守庶免遺咲於西虜則水陸建制亦宜並撤以省多耗然則薊鎮僅抵須兵而山海寧前之六七萬抵向者山海寧前廣寧之須兵所浮不過二萬而遼瀋開鐵清撫靉奉等處一帶須兵全盛者亦不下六七萬則以全遼之舊餉抵今日之當關縱客兵餉一倍似可足用即今方議撻伐製造衣甲火藥車炮器械之類数倍於前然省遼瀋之遠運舊餉之外多不過再加百萬一切驕弱貪懦之兵將悉行汰去則所省帑金無数而切實用矣今

丘壠固是蕪原而門第尚猶比屋今孤懸絶
島一片精忠全在辨賊與撫恤難民駕馭屬
國經理歸附建制屯駐一切方畧雖古之名
將篾以加此可以卜其成功者一
當東事潰决五六年間徵兵措餉竭寓內之
物力以應一隅取之盡錙銖用之若泥沙其
間
當事嚴明因兵覈餉不致破冒者僅己未庚
申間耳餘一切不可問矣甚有驕兵悍弁明
支於監軍復冒於餉司稍一稽覈輒至群譟

積習成風而莫敢誰何將軍三年海上執空拳以控敵依屬國以倡義號召遼民屯聚日衆接濟未通雖間貸給於鮮然往往因糧於敵時出奇兵以設伏截虜奪餉指不勝屈亦有繳

天之偉得挖土窖粟麥者輒均之士民無分彼此與士卒同饑飽同勞逸同死生故歸附之衆依之若慈母然一有干犯綑打梟示悉如軍令毫無假借萬人一心從無敢譁至鼓噪脫伍不但無此事亦絕無此想此可以卜其

成功者二全遼之失封疆幾二千里其間與奴為敵者僅瀋奉兩戰一為瀋陽之急而奉集之援兵突至解一為高監軍奉集誘砲引擊而兩戰奴皆以四五萬衆敗去餘俱望風奔潰未嘗以一矢相加遺以至於今但幸奴不来耳来則風鶴皆奴兵也獨將軍自庚申將二百餘人由三岔下海遍歴各島延攬同心激憤忠勇收雙山破鎮江孤懸絶島者幾三年不得

國家斗米尺布之濟僅以一片精忠收集遼民依屯屬國辛酉臘月十四奴騎二萬餘夜從麟山渡江頭隊數千突圍車輦館將軍以十三騎潰圍而脫奴以驍騎三百餘疾追直犯林畔時兵衆皆散村落尋買米豆將軍僅與部將丁文禮劉可紳等三十餘騎力戰殺虜數十遊擊呂世擧守備陳顯忠中軍丁文禮號頭李國保千總韓世卿皆奮力戰死守備劉應科馬蹶被擒而虜馬續至者益衆虜矢如雨方在危急守備陳忠禮尤景和千總毛

承祿把總王進美等累衝突戰守備張大捷千總許佐堯池奉羔等尋率步兵五千餘奮勇援戰殺虜百餘人而將軍復號召遼兵民無不响應短兵接戰至執木棍竹竿農器者皆突前殺賊絶無畏却是役也將軍以數千人却奴二萬衆殺其頭目射中奴子奴衆始斂兵結陣而退將軍仍帥衆追殺十餘里奴退屯館驛相持者一月至正月十七日始渡江將軍于三月亦遣將渡江屢以數百人於寛鎮鳳凰間效戚南塘設空營地炮之伏以

擒奴騎大戰小戰以力以智不可數計非若
當關之兵將小有警報輒辦一走者比此可
以其成功者三
奴自韃撫順破開鐵之後編剃遼民為前鋒
每攻一城進一戰輒以遼之剃兵先驅而奴
令極嚴却者必斬故我兵每一遇敵僅與遼
民自相殺戮而我之精鋭已盡於前奴始以
驍騎放馬衝突無不立敗者將軍自破鎮江
牧雙山悉以謀勝雖林畔幾不免于虎口而
截殺酋自控弦奴子始不敢再渡鴨緑自是

而後將軍且以偏師屢出寛鎮牽擾奴賊張疑幟以亂賊心避其鋭而繫其惰偷忽進退如疾風掣電而奴遂委寛鎮鳳鏊以去將軍始得從容屯駐肆其出入而無襲擊之恐矣是向之用兵者皆與奴角力用其所短而敗獨將軍省強弱察虚實度形勢舍其寛平逼奴老寨俾奴不敢出蟻穴一步一以謀勇制奴死命此可以卜其成功者四

兵行詭道故戰必用間自用兵以來毎將敗衄奴必蟄伏肆其詭傳謂奴畏我而哭矣糧

餉将盡矣父子相戕矣叛将思內應矣且多用奸細勾引我之遼民為奴間諜矣而我輒信之以為實若線索全在奴手是奴慣用間而我專落其間致屢戰屢敗而我終不能一用間以得奴之真耗也獨将軍自取鎮江則用間以離養貞之愛妾除阿骨則用間使奴立斬其大帥招劉愛塔王子登等則用間以剪奴之羽翼誘諸偽将俾陰受節制而奴之腹心始離真情始得奴始不得将軍之虛實将軍之細作時遣遼瀋飛書遍投而奴之疑

懼益甚凛凛終日日懼追殺毛兵奸細并殺
戮遼民而歸附將軍者益衆矣此可以卜成
功者五夫將軍孤軍控敵業有撐天拄地之
實功種種必成之偉畧智信仁勇嚴全備之
矣第天外之孤忠一心辦賊而於時局之週
全勢所不及兼殉功實効遠在絶島故知之
者寂寡而助之者不力今虜氣尚驕
國恥未雪願
當事勿以文法相拘持同心佐
主勉圖接應否則海上之遼民日衆萬一久而

乏食衆潰於内奴棄於外則天下事大可寒
心矣因并筆之以竢裁詧

天啓癸亥仲秋朔日　天都汪汝淳書